JN438328

# 매화만절

梅村 안 형 재 지음

# 매촌의 약력

아 호雅號 : 매촌梅村  자字 : 안형재安亨在
생년월일 : 1941년 10월 10일

## 학력 및 주요 경력

연세대학교 농업개발원
연세대학교 교육대학원
중앙대학교 산업경영대학원 졸업
연세대학교 교육대학원 동창회 17대 부회장(2001년~2003년)
중앙대학교 11개 대학원 총동창회 자문위원장(2000년)
사단법인 한국분재협회 부회장(1987년~1991년)
사단법인 안양문화원 부원장(1987년~1993년)
사단법인 안양문화원 원로회의 의장(2015년~2016년)
아시아분재대회추진본부장(올림픽펜싱경기장)(1990년)
국제분재클럽(International,Bonsai,Clup)총회(미국) 한국대표 참가(1989년)
KBS · SBS · CBS 가정원예담당 방송연사(1986년~1996년)
주식회사 죽산조경 대표이사(1985년~2010년)
제1회 '한국의 매화전' 개최(1996년)
제2회 '한국의 매화전' 개최(1998년)
제3회 '한국의 매화전' 개최(2002년)
국제매화품종등록협회 한국대표(1999년~현재)
국제매화학술회의 한국대표(1999년~현재)
중국원예협회 매화분회 명예이사(1999년~현재)
한국매화연구원장(1990년~현재)
서울 인헌고등학교 육성회장(1996년~1997년)
안양시 한—일친선협회 이사(1997년~2001년)
광양시 매화마을 '관광명소화사업' 자문위원(2008년)
매화 천연기념물 지정(문화재청) 조사위원(2007년)
한—카자흐스탄 친선협회 자문위원(1998년~2002년)
월간 『문학세계』 시 부문 등단(2013년)

영주시 3대 문화권사업 운영 · 관리 자문위원(2016년~현재)
문학세계문인회 정회원(2013년~현재)
한국문인협회 정회원(2017년~현재)
국제펜클럽 한국본부 정회원(2017년~현재)

## 수 상

대한민국예술분재문화상 수상(1986년)
제8회 중국 매화전시회 특별상 수상(1999년)
ST1806—006 올해의 신한국인 대상 수상(2018년)
혁신한국인&POWER KOREA 대상(매화분재장인 부문) 수상(2018년)
제17회 대한민국인물대상 수상
제22회 매화분재 대한명인 지정

## 저 서

『한국의 매화』
『매화보』
『매화를 찾아서』
『내 가슴에 매화를 심고』
『매화 동산에 올라서』
『매화만필』
『매화백과』
『한국의 분매』

## 공 저

『내 가슴에 매화 한 그루 심어 놓고』
『매화, 梅花, うめ』
『2013 하늘비 산방山房』
『2013 명작선 한국을 빛낸 문인』
『2016 하늘비 산방山房』
『2017 하늘비 산방山房』
2017 제3회 세계한글작가대회기념 한영대역 대표작 선집 『시집』

매화와 더불어 살다 보면 분매를 기르고 매화나무를 다듬어 가꾸고 매화와 관련된 집필 활동을 하는 것 외에 국내, 외적으로 많은 활동과 대인 관계 등을 하게 되는 경우가 있다. 예컨대 국제적으로는 '국제매화학술회의'에 참여하여 2년에 1편씩 매화 관련 연구논문을 발표하고 폭넓은 매화 관련 정보를 획득하며 수많은 외국의 학자나 연구원들을 만나고, 매화를 사랑하는 수많은 동호인들과 교류하게 되며, 동북아 각지의 유명매화공원이나 집단 재배지의 현장을 둘러보는 일과 세계적으로 오래된 고매古梅나 이름난 명매名梅들의 자생지를 찾아 생태를 조사하기도 한다. 그와 같은 일들을 수행하는 가운데 특별히 기억되는 사람은 첫째 세계적인 매화의 최고 권위자인 중국의 북경임업대학교 진준유陳俊愉(1917~2012) 교수님을 들지 않을 수가 없다. 1999년 중국 청도 국제매화학술회의 때 처음 만나게 된 진 교수는 한국에 대해 깊은 관심을 가지고 있었으며, 특별히 부족한 필자를 각별히 챙겨 주고 일깨워 주셨다. 나는 매화에 관하여 '품종의 분류원칙'과 '매화의 생태적 특성', '역사와 유래' 등에 대해 다양한 학술적이며 실질적인 가르침을 받았으며 나의 매화 인생에 있어서 많은 지식을 얻는 계기가 되었다.

둘째로는 북경임업대학교 대학원장이면서 중국의 매화분야에서 가장 활발하고 으뜸가는 활동을 하고 있는 장계상張啓床 박사이다. 장 박사는 북경임업대학교 대학원 석 · 박사생 약 160여 명에 대하여 나에게 '한국의 매화'에 대한 특강을 요청한 바 있어 2006년도 3월에 북경임업대학의 대회의실에서 강의를 한 바 있으며, 같은 해에 중국의 고매와 명매들에 대한 탐매를 할 때에 대학원생 3명을 데리고 친히 현지(곤명)까지 와서 협조해 주었으며, 중국의 서남부 미얀마와 베트남의 경계지역에서 야생매 탐매를 할 때에도 여러모로 도와주었던 고마운 분이다.

셋째는 중국의 산동성 청도에 거주하는 장실전張實傳 사장이다. 중국매화협회 부회장이기도 한 장 사장은 청도시 십매원로十梅苑路에 약 30만 평의 관광매원을 보유하고 있으면서도 청도 시내에서 승용차로 약 3시간 정도 걸리는 황룡지역에 약 250만 평의 새로운 매원을 건설하고 1년에 10만 본씩의 매화를 매년 식재해 가고 있는 매우 의욕적인 분이다. 그 대단위 매원에는 약 10만 평의 자연 호수가 중앙에 아름답게 위치하였고 부지 내에 원주민의 민가가 집단적으로 있었으나 모두 이주시켰다. 장 사장은 내가 중국의 매화품종을 한국으로 도입해오는 데 많은 협조를 해준 친 형제와 같이 지낸 사람이다. 청도 매원에는 세 동의 별서別墅가 있으며 우리 가족이 청도에 갈 때면 그 건물 가운데 한 동을 언제나 사용할 수 있도록 준비해 주어서 편안히 지내고 올 수가 있었다.

이 밖에도 매화에 관한 한 "소영횡사수청천疎影橫斜水淸淺 암향부동월황혼暗香浮動月黃昏(성긴 그림자는 얕은 물에 비끼어 어리고, 은근한 향기는 황혼 녘에 짙어 오네)"라는 천하의 절창을 남겼으며, 매화를 아내로 삼고 학을 아들 삼아 20년 동안 세상에 나오지 않고 초옥草屋에 묻혀 살았던 임포(965~1026)의 흔적을 찾아 절강성 서호西湖 일대를 탐매하였고, 시성詩聖 두보杜甫(712~770)의 시심詩心을 좇아 성도의 두보초당에 있는 홍매원을 살피기도 했으며, 중국이 자랑하는 유명한 매품종원인 무한의 동호매원을 찾은 것은 매화일생을 통하여 대단히 보람되고 자랑스러운 일이 아닐 수 없다. 동호매원은 모택동毛澤東(1893~1976)이 생전에 세 번씩이나 방문하였으며 일본의 나가소네 야스히로中曾根康弘(1918~ )전 수상이 찾기도 했던 곳이다. 또 이곳에는 중국이 자랑하는 세계적인 매화의 최고 권위자인 첸진유陳俊愉 교수와 조수변趙守邊(1914~2003, 동호매원창시자 · 중국매화품종개량권위자) 선생의 매우동상梅友銅像이 세워져 있기도 하다.

일본의 경우는 그들이 자랑하는 '세계매화공원'을 3차례 탐매하였으며, 일본의 3대 명원 가운데 하나인 이바라끼현의 가이라꾸엔皆樂苑의 고매원古梅園을 돌아보았고, 1593년 도요토미 히데요시가 우리나라를 침범하여 창덕궁 선정전 앞에 있었던 와룡매臥龍梅를 가져다가 미야기현 센다이시 서암사瑞巖寺에 옮겨 놓은 지 400여 년 만에 처음으로 일본 정부의 협조를 얻어 생태조사를 실시하였고, 일본 매실의 약 30%를 생산하는 최대 매실단지인 태평양 연안 와카야마현 미나베의 난고南高(우수 매실품종) 단지를 돌아보았으며, 일본에서 가장 오래되고(67회) 최대 규모인 나가하마 분매전시회를 세 차례 참관하여 한국과 일본의 매화문화를 비교해 볼 수 있는 계기로 삼았다. 이 밖에도 일본이 자랑하는 수많은 매원과 매화축제를 찾아 일본 열도를 가로질러 많은 곳을 방문하였다.

국내적으로는 수자원공사가 1조 2천억 원을 들여 건설한 경인 운하에 '매화동산'을 조성하는 일에 자문역으로 참여하였고, 광양시 매화마을 일대에서 시행하는 '매화마을 관광명소화' 사업의 자문위원으로 약 5년간 활동하면서 '홍쌍리 청매실농원'에 52억여 원의 예산을 투입하여 〈매 문화관〉을 건립하였고, 농원 내 관람로가 콘크리트로 되어 있는 것을 황토포장으로 바꾸었으며, 한옥의 전망대와 매화시비건립 및 주차장을 건설하는 데 적극적으로 자문하였다.

건국 후 처음으로 '매화 천연기념물'로 선암매를 비롯하여 5그루를 지정하게 하였다.

8년여 동안 탐매여행을 통하여 우리나라에 생육하고 있는 매화의 품종 전수조사를 통하여 총 194개 품종을 찾아내어 『매화보梅花譜』를 출판하였고, 방방곡곡을 뒤져서 85주의 명매와 고매를 찾아내어 『매화를 찾아서』를 출판하게 된 것은 매우 보람 있는 일이기도 하다.

또한 우리의 조상들이 아끼고 사랑하며 길렀던 전통적 분매의 수형을 찾아서 한국적 분매의 정체성을 확립하기 위하여 『한국의 분매』를 발간하였으며, 영주시와 함께 선비촌 주변에 우리나라 최초의 분매원과 매화박물관 매화품종원을 갖춘 〈영주매원〉을 건설하는 데 적극 참여하였다.

이와 같이 매화와 더불어 시간 가는 줄 모르고 살아오면서 관련된 이야기들을 기록해 두었다가 『매화만필』이라는 이름으로 출간을 하게 되었다.

부족한 사람의 부질없는 이야기지만 재미있게 읽어주기를 바랄 뿐이다.

이 책의 출판을 맡아주신 도서출판 천우의 김천우 대표와 임직원 여러분들에게도 깊은 감사를 드린다.

이 책의 출판을 맡아주신 도서출판 천우의 김천우 대표와 임직원 여러분들에게도 깊은 감사를 드린다.

2018년 6월

梅村 **安亨在**

# 차례

매화
만절

# 도산매(두향매)

퇴계退溪 이황李滉(1501~1570)은 은일隱逸의 본성을 가지고 애매愛梅의 지정至情과 심령의 혜안으로 매화의 특성을 투시하고 담아한 필촉筆觸으로 매화의 신령스런 자태를 그려내어 85제 118편의 단일소재, 자필, 자작의 우리나라 문학사상 유래 없는 매화시를 지을 만큼 매화를 혹애酷愛하였으며, 자신이야말로 '정말 매화를 아는 사람(眞知梅者)' 이라고 했다.

퇴계가 매화를 사랑하게 된 것은 "매화가 고상하고 아담하여 속기俗氣가 없고, 추운 때에 더욱 아름다우며, 호젓한 향기가 뛰어나고 격조가 높고 운치가 남다르며 뼈대는 말랐지만 정신이 맑고 찬 바람과 눈보라에 시달리면서도 곧은 마음을 고치지 않기 때문"이라고 했다.

퇴계는 중국 송나라 때 시인이며 전원생활에 대한 동경을 버리지 못했던 도연명陶淵明(365~427)의 시를 좋아했고 그의 사람됨을 몹시 사모했으며, 중국의 절강성 서호에 초막을 짓고 살면서 초당

주위에 수많은 매화나무를 심어놓고 매화를 아내로 삼고 학을 자식으로 여겼으며(매처학자梅妻鶴子) 술을 마시고 싶으면 사슴의 목에 술병을 걸어 술을 사러 보냈고, 손님이 오면 시동이 학을 날려 서호에서 낚시하는 임포에게 보내므로 서호 위를 배회하며 학이 우는 소리를 듣고 집으로 돌아오기도 했으며, 「산원소매山園小梅」라는 매화시에서 '암향소영暗香疎影'이라는 천하의 절구로 매화의 진면목을 묘사했던 임포林逋(967~1028)의 삶과 시의 세계를 동경하였다.

퇴계는 34세에 과거에 급제하여 단양, 풍기군수를 지냈고, 공조판서와 예조판서, 우찬성 대제학을 지냈으며 사후에 영의정으로 추증追贈되었다. 일생 동안 79회나 벼슬을 사양하고 학문연구와 인격도야 · 후진양성에 힘써왔으며, 한국에 퇴계가 있음은 중국에 주자朱子(960~1127)가 있는 것과 같이 '동방의 주부자朱夫子'로 칭송을 받아올 만큼 뛰어난 학자이며, 문하에 조선 중기의 문신이며 임진왜란 중 민정民政, 군정軍政의 최고 관직에 있으면서 치란재상治亂宰相을 지냈던 서애西厓 유성룡柳成龍(1542~1607)과 조선시대 문신 성리학자이며, 정치가, 사상가, 교육자, 작가, 시인이었던 율곡栗谷 이이李珥(1536~1584)와 조선 중기 문신인 아계鵝溪 이산해李山海(1539~1609) 등 대학자요 정치가이며, 대경륜가인 동량지재棟梁之材를 318명이나 배출하였다.

퇴계는 도산 서당을 직접 설계도 하였고 이름도 지었다. 도산陶山이라는 이름에는 세 가지의 의미가 있다. 첫째는 질그릇을 굽듯이 인격을 도야하는 곳, 둘째는 「귀거래사」를 지은 도연명을 본받아 은거한다는 것, 셋째는 질그릇을 굽는 신분에서 천자가 된 순임금과 같은 성인을 본받는다는 뜻이다.

퇴계는 그의 나이 48세 되던 무신년(1548) 정월에 부인과 아들을 잃은 채 허전한 빈 가슴을 안고 단양군수로 부임하게 되었다. 당시 이곳에는 안安 씨의 성을 가진 두향杜香이라는 18세의 기녀妓女가 살고 있었다. 그는 다섯 살 때 아비를 잃고 열 살 되던 해에는 어미마저 여의게 되었다. 그러자 그녀의 빼어난 인품과 재능은 물론 거문고와 시문詩文에도 뛰어났으며 매화와 난을 기르는 솜씨를 귀하게 여겼던 한 퇴기에게서 양육되면서 기적에 오르게 되어 관기가 되었다.

본관사또로 부임한 퇴계를 처음 본 두향은 그의 고매한 인격과 심오한 학문에 매료된 나머지 수청을 자청하였고 두향의 총명과 재주를 인정한 퇴계는 이를 용납하였다. 이후 두 사람은 시화詩畵와 음률音律을 논하고 산수山水를 거닐며 깊은 정을 쌓아 갔다. 이 무렵 두향은 퇴계에게 사랑의 증표로 여러 차례 선물을 전달하려고 했지만 청렴결백하기로 소문난 퇴계가 받아들일 리가 없었다. 마침내 매화를 좋아한다는 것을 알게 된 두향은 온 나라 안에 수소문하여 푸른빛이 감도는 녹악매綠萼梅(꽃받침이 녹색이며 꽃잎이 다섯 잎의 백색) 한 그루를 구하여 선물하였다.

퇴계는 이 매화를 동헌東軒 앞 마당가에 심어놓고 어려운 정사를 해결할 때마다 매화와 더불어 의논하는 등 아끼고 사랑하다가 부임한 지 아홉 달 만에 풍기군수로 이직移職하면서 매화나무는 도산서원으로 옮겨 심었다.

한편 퇴계의 곁에서 묵묵히 뒷바라지를 해온 두향은 퇴계가 풍기군수로 떠난다는 소식에 눈물이 솟구쳐 막을 수가 없을 만큼 크나큰 고통과 슬픔이 아닐 수 없었다. 이윽고 퇴계가 단양을 떠나야 했던 전날 밤 두 사람은 침통한 마음으로 무거운 침묵 속에 빠져 있었다. 드디어 퇴계가 이별의 시 한 수를 두향의 치마폭에 써 주었다.

사별기린성死別己吝聲 죽어 이별은 소리조차 나오지 않고
생별상측측生別常惻測 살아 이별은 슬프기 그지없네

퇴계가 무겁게 입을 열었다.

“내일이면 떠나게 되었다. 기약이 없으니 몹시 두렵구나.”

구슬 같은 눈물을 뚝뚝 떨어뜨리고 있던 두향이 붓을 들어 시 한 수를 써 내려갔다.

| | |
|---|---|
| 이별심비거배애읍離別甚悲擧杯哀泣 | 이별이 하도 서러워<br>잔 들고 슬피 울며 |
| 어언간주진임역거於焉間酒盡恁亦去 | 어느덧 술 다하고 임마저<br>가는구나 |
| 화락조명춘일하위花落鳥鳴春日何爲 | 꽃 지고 새 우는 봄날을<br>어이할까 하노라 |

이날 밤의 한 많은 이별은 퇴계가 69세로 세상을 떠날 때까지 21년 동안 한 번도 만나지 못했던 기나긴 이별이 되고 말았다.

경오년庚午年(1570) 12월 8일 아침 “분매에 물을 주라(命灌盆梅)”고 말하고 좌절坐折한 것이다.

한편 퇴계를 떠나보낸 두향은 관기에서 물러나 평소 퇴계와 함께 자주 찾았던 남한강의 강선대 옆에 움막을 지어 놓고 매화와 난초를 기르며 오로지 퇴계만을 그리워하던 중, 인편으로 난초 한 분을 도산에 보내면서 퇴계 선생의 안부를 묻고자 오래전에 써 주었던 이별의 시구가 적힌 두향의 치마폭을 함께 보냈다.

단양에 있을 때 함께 기르던 난초인 것을 알아본 퇴계는 두향을 만난 듯 매만지며 밤새 잠을 이루지 못하다가 새벽에 일어나 평소 자신이 즐겨 마시던 우물물을 손수 길어 다시 받은 치마폭에 다음과 같은 시를 적어 두향에게 보냈다.

상간일소천응허相看一笑天應許 서로 보고 한 번 웃은 것은
하늘이 허락한 것이었네
유대불래춘욕거有待不來春欲去 기다려도 오지 않으니
봄날은 다 가려고 하는구나

남녀 간에 한 번의 정을 나눔은 하늘도 어찌하리요?

그냥 달려와서 안기면 못 이기는 체하고 받을 텐데….

기다려도 오지 않으니 이제는 나도 늙어서 생명이 다 되어간다는 안타까움을 이야기한 것이다.

두향은 이 물을 차마 마시지 못하고 정안수로 삼아 새벽마다 소복을 입은 채 무릎을 꿇고 앉아 퇴계를 위해 빌었다. 그러던 어느 날 이 물이 핏빛으로 변한 것을 보고 퇴계가 돌아가셨다고 생각한 두향은 나흘 동안 걸어서 도산까지 갔다. 결국 한 사람이 죽어서야 두 사람은 만날 수가 있게 된 것이다. 단양으로 돌아온 두향은 남한강에 몸을 던져 한 많은 생을 마감했으며 그의 유언에 따라 거북바위 옆에 묻어 주었다. 그 후 두향의 묘는 충주 땜이 생기면서 물에 잠기게 되자 1985년 퇴계의 15대손인 이동준李東俊 박사의 주선으로 지금의 장회나루 건너편 강선대降仙臺 위쪽으로 옮겨졌다.

◀ 두향의 묘

한편 도산으로 옮겨졌던 도산매(두향의 매)는 대를 이어 잘 자라오다가 1995년 봄 필자가 방문(그동안 서너 차례 탐매했음)했을 때에는 수세가 몹시 쇠약해졌기에 도산서원 관리소장(류 소장)에게 몇 가지 회생요령을 일러주었으나 이듬해에 도산을 방문했을 때에는 도산매는 결국 고사하여 그루터기만 남긴 채 잘라버리고 없었다.

나는 그 후 일본 오사카에 있는 '세계매화공원世界の梅公園'을 방문한 적이 있는데 그곳에는 중국과 대만 및 우리나라의 매화품종을 합하여 315종이 있는 것으로 기록되어 있어서 나는 공원관리소에 들러 한국의 매화품종이 어떤 것들이 있는지를 물어보았더니 마침 공원관리사무소 쓰즈키지요쬬(鈴木千代藏) 씨가 자신의 명함에 보유하고 있는 한국품종의 이름을 적어 주었다. 그리하여 쓰즈키 씨와 나는 함께 한국매화품종을 찾기 위하여 공원을 돌아보았으나 '진양대곡매晋陽大谷梅' 만을 발견하고 다른 품종들은 찾지 못한 채 비행기 시간 관계로 그냥 돌아올 수밖에 없었다.

▲ 한국매화 대곡매. 한국산 '大谷' 이라는 표찰이 붙어 있다.

그리고 이듬해 봄 나는 다시 '세계매화공원世界のうめこん' 의 공원 관리소 근무자를 만나 도산매의 가지를 얻어와 분매에 접목하여 우리 국내에서 도산매를 복원하기에 이르렀다.

▲ 한국매화품종을 찾는 쓰즈키 씨의 모습

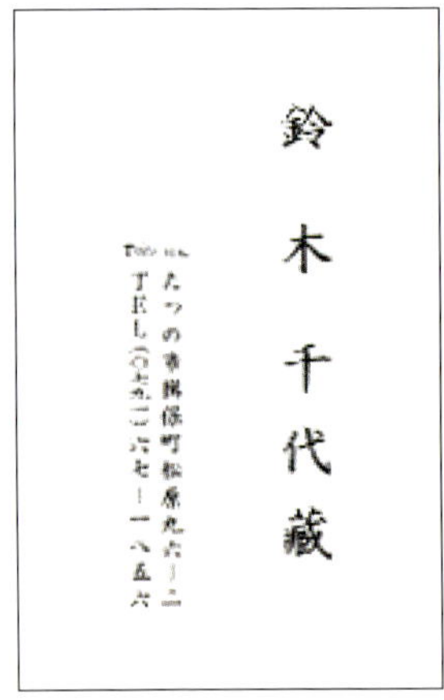


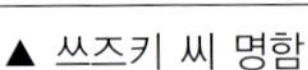
▲ 쓰즈키 씨 명함

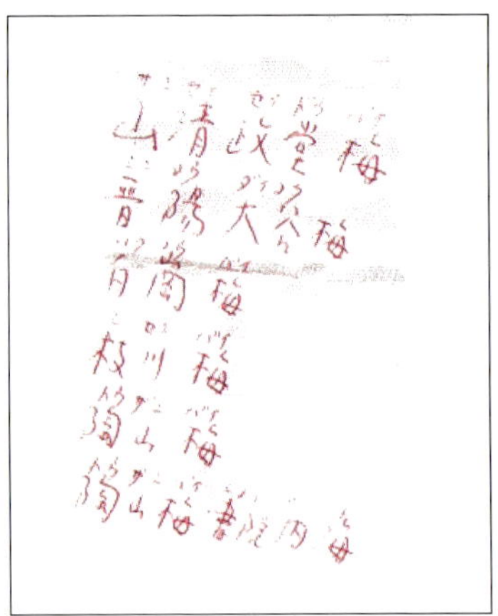
▲ 쓰즈키 씨가 적어준 한국매의 품종

퇴계는 좌절坐折하던 아침에 “매화에 물을 주라(命灌盆梅)”는 말로써 우리에게 소소로움의 이치를 알려 주었고, “매일 매화나무에 물을 주는 것”으로 언행일치言行一致를 가르쳤다. 또한 그가 남긴 시 가운데 “내 전생은 밝은 달이었지. 몇 생애나 닦아야 매화가 될까(前身應是明月幾生修到梅花)”라고 하여, 매화에 대한 끝없는 사랑을 노래했던 애매가다.

# 매화의 천연기념물 지정

2007년 2월 중순경 인덕원 온실에서 분매가 한창 꽃봉오리를 터뜨리고 있을 무렵 과천에 사는 민중미술의 애호가였던 故 조재진 씨의 안내로 문화재청장 유홍준 박사가 찾아왔었다. 일행 가운데는 학고재 우찬규 사장도 함께했었다. 유 박사에 대하여는 이미 오래전에 『나의 문화유산답사기』라는 그의 저서를 통해 알고 있었지만, 처음 만난 그는 훤칠한 키에 시원스럽고 자신감 넘치는 언행에 호감이 갔다. 나의 온실에서 한창 피어나는 분매들을 보면서 죽은 듯 깡마른 고목에서 화사하게 피어나는 매화꽃이 경이롭고 매우 신기하다면서 매향에 취하여 몹시 행복해하였다.

나의 저서 『한국의 매화』를 한 권 건네주고, 차를 마시면서 얘기를 나누는 가운데, "우리나라에도 수백 년 된 고매古梅들이 있는데, 문화재적 가치가 있는 이 매화나무들을 잘 보전하여 우리의 후손들에게 온전히 전할 수 있도록 국가에서 대책을 세웠으면 좋을 것 같다"는 건의를 했더니, 유 청장은 그 자리에서 문화재청 관계국장에게 핸드폰으로 전화를 하여 내가 건의한 내용을 잘 검토하여 처리하도록 지시를 하는 것이었다. 그리고는 혹시라도 잊어버릴 수 있기 때문에 미리 지시를 해 두는 것이라고 했다. 나에게도 이 문제가 만족할 만큼 처리되지 않으면 직접 전화해 달라는 당부도 잊지 않았다. 그의 분명하고 꼼꼼한 일처리 요령을 엿볼 수 있는 대목이었다.

그 후 20여 일이 지났을 무렵 문화재청(천연기념물과 정대영)에서 연락이 왔다. 내가 문화재청장에게 건의했던 것에 대하여 검토한 바 오래된 매화나무들을 잘 보전하기 위해서는 '천연기념물'로 지정하여 보호하고 보전하는 것이 가장 좋은 방법이라는 것이다. 나는 그렇게라도 해 준다면 참으로 고마운 일이라고 했다.

얼마 후 문화재청에서는 필자(한국매화연구원장)를 비롯하여 경북대학교 박상진朴相珍 교수(임학), 한서대 이은복李銀馥 교수(분류학) 등 세 사람을 매화천연기념물 조사위원으로 위촉하여 천연기념물로 지정할 대상이 되는 매화나무들을 조사해 달라고 하였다.

그리하여 우리 세 사람은 2007년 3월 20일 1차로 강릉에 모여서 오죽헌에 있는 '율곡매'에 대하여 조사를 시작하였고, 다음으로는 2007년 3월 22일부터 3월 23일까지 장성 백양사에 있는 '고불매', 전남대학교 구내에 있는 '대명매', 지리산 화엄사 위쪽에 있는 '지리산 야생매', 마지막으로 승주군 선암사에 있는 '선암백매, 홍매' 등을 나의 안내로 조사한 다음, 〈현지조사의견서〉를 작성하여 2007년 4월 5일 문화재위원회에 보냈다. 문화재위원회에서는 관계 규정에 따라 타당성 여부를 검토한 다음 지정결의를 하면 문화재청장이 '천연기념물'로 고시하는 절차를 거치게 된다고 했다.

문화재위원회의 심의과정에서 전남대학교에 있는 대명매는 동 대학의 농과대학장이던 고재천박사의 11대조인 월봉月峰 고부천高傅川 선생이 44세 되던 해인 1621년에 주문사서장관奏聞使書狀官으로 명나라에 갔을 때 희종황제熹宗皇帝로부터 분盆에 심겨진 매화 한 분을 증정받아 가지고 와서 고향인 담양군 창평면 유촌리 자신의 집 뜰에 심어 놓고 대명매大明梅라 부르며 기르다가 고학장이 농과대학 구내로 옮겨 심었던 것을 다시 1976년 현재의 자리로 이식하였기 때문에 같은 자리에서 계속해서 생육하지 않았다는 이유로 지정에서 탈락하였고, 선암사의 홍매는 같은 사찰의 경내에 있으면서 백매만을 지정하는 것은 불합리하다는 이유로 선암백매, 홍매를 함께 지정하였다.

이 밖에도 담양의 지실마을에 있는 송강 정철의 넷째 아들 고택인 계당溪堂 홍매와 산청군 시천면 덕산에 있는 남명 조식이 말년에 후학들을 가르쳤던 산천제山天齊 앞뜰에 있는 남명매, 그리고 고흥군 소록도 중앙공원에 있는 우리나라에서 유일한 소록도 수양매垂楊梅가 천연기념물 지정 대상이기도 하지만 문화재위원회의 시책에 따라 매화라는 한 품종을 일시에 많이 지정하는 것은 다른 수종과의 균형을 유지하는 데 문제가 있고 이에 따른 예산집행의 불균형을 이유로 하여 다음 기회로 미루는 눈치였다. 그리고 산청군 단속사지의 정당매는 원줄기가 이미 고사했고, 산청군 남사리 분양매도 이미 몇 년 전에 고사한 관계로 조사대상에서 제외되었다.

어찌되었거나 건국 후 처음으로 우리나라에서 생육하고 있는 고매들이 문화재청 고시 제2007-76호(2007. 10. 8)로 문화재 보호법에 따라 '국가지정문화재(천연기념물)'로써 강릉 오죽헌 율곡매는 천연기념물 제484호, 지리산 야생매는 천연기념물 제485호, 장성 백양사 고불매는 천연기념물 제486호, 선암사 백매와 홍매는 천연기념물 제488호로 지정된 것은 참으로 뜻깊은 일이 아닐 수 없다.

그 후 2013년 4월 16일 앞에서 언급했던 천연기념물 지정에서 제외됐던 매화나무 등을 다시 지정해 줄 것을 문화재청에 청원을 하였고, 당시 문화재 청장인 나선화 청장에게도(나선화 청장은 이화여자대학교 박물관 학예실장 시절부터 알고 지냄) 문화재로 지정해야할 것을 강조하고 청장도 이에 적극 관심을 갖겠다고 했으며, 동년 4월 19일 문화재청에서는 "지방자치단체들을 통하여 신청한 5그루의 매화나무에 대한 기초조사를 마친 후 검토하여 지정 여부를 결정할 계획"이라는 통보가 왔다. 새로이 천연기념물로 지정해 주도록 요청한 매화나무는 전남대학교 구내에 있는 '대명매', 산청군 시천면 산천재 마당가에 있는 '남명매', 담양의 지실마을 '계당홍매', 구례 화엄사 '각황매', 김해 건설공고 입구의 '와룡매' 등이다. 얼마 후 이들 매화들 가운데 계당홍매와 김해 건설공고 입구의 와룡매는 수세가 약하여 제외키로 하였고 나머지 '대명매'와 '각황매', '남명매'는 해당 시, 도의 지정문화재로 지정토록 권유하였다는 통보를 받았다.

사실 중국이나 일본 대만 등지에 오랫동안 탐매 여행을 했지만 대부분 연륜이 있는 고매이거나 이름 있는 명매들은 모두가 천연기념물로 지정하거나 명목名木의 반열에 두어 정성껏 가꾸고 보존하고 있는 것을 보고 몹시 부러워했고 그렇지 못한 우리의 현실을 매우 안타까워했던 나로서는 우리의 고매와 명매들이 천연기념물로 지정된 것에 대하여 누구보다도 기쁘고 감사한 마음을 갖게 된다. 다만 천연기념물로 지정된 매화나무들을 실질적으로 관리하고 있는 지방자치단체나 관련 주체들이 지정된 매화나무들을 잘 보전하

▲ 매화 천연기념물 조사위원 좌로부터 경북대 박상진 교수, 필자, 호서대 이은복 교수

여 후손들에게 물려주고, 문화재적 가치가 있는 매화나무들이 오래도록 나라의 문화유산으로 남겨지기를 간절히 바라는 마음이다.

그리고 고매나 명매들은 나무가 고사하더라도 원형을 그대로 보존하는 것을 반드시 지켜 주었으면 한다. 매화는 고사하더라도 오랜 기간 동안 그 형태를 보존 가능하기 때문이다. 예를 들어 도산매는 고사한 즉시 밑동을 잘라 버렸고, 산청 남사리 분양매도 죽은 둥치를 중간에서 절단했으며, 정당매도 원줄기를 일부 없애 버렸기 때문에 볼품이 없어졌다. 중국의 경우 운남성 곤명시 흑룡담 공원에 가면 1300년 된 당매唐梅가 고사하였으나 마른나무를 당매비唐梅碑와 함께 그대로 보존하고 있는 것은 참고할 만한 일이라고 생각한다.

# 미인매美人梅

『중국매화품종도지中國梅花品種圖誌』(진준유陳俊愉(1917~2012))에 보면 미인매美人梅는 앵계매류櫻季梅類(Blireiana Group) 가운데 미인형 품종에 속한다. 프랑스의 식물학자가 1985년에 홍엽계紅葉係와 궁분형宮粉型을 교접하여 배양해낸 품종으로써 매화를 사랑하는 사람들에게는 인기가 많은 꽃이다.

옛날 중국의 4대 미인 하면 양귀비楊貴妃와 서시西施, 왕소군王昭君과 초선貂蟬을 꼽는다.

양귀비는 당나라 시인 백거이白居易가 지은 「장한가長恨歌」에서 하늘에서는 비익조比翼鳥가 되고 땅에서는 연리지連理枝가 되리라던 당태종과의 사랑 이야기로 유명한 여인이며, 서시西施는 춘추시대 월越나라 출신으로 중국의 4대 미인 가운데 가장 뛰어난 미모를 지녔으며, 어릴 때부터 가슴앓이가 있어 통증이 올 때마다 얼굴을 찡그리게 되었는데 그 찡그리는 모습을 남자들이 더욱 좋아했다는 말을 듣고 어느 못생긴 여인이 항상 얼굴을 찡그리고 다니는 것을 보다 못한 동네 남자들이 마을을 떠나버린 '서시빈목西施嚬目' 이라는 고사를 남기기도 했다.

『한서漢書』의 「원제기元帝紀」에 보면 한나라의 원제가 흉노와 잦은 전쟁으로 어려움을 당하고 있을 때 흉노의 왕 호안사呼韓邪가 한나라에 왔다가 돌아가는 길에 궁녀 한 사람을 보내주면 다시는 국경을 침범하지 않겠다는 화친조건和親條件을 제시했다. 이때 원제는 궁녀 가운데 제일 못생긴 사람을 보내기로 하고 궁녀를 그려놓은 화첩을 가져오게 했다. 당시에 궁녀들은 화공 모연수毛延壽(?~기원전33)에게 자신들의 얼굴을 예쁘게 그려달라고 돈을 건네주는 관습이 있었다. 그래야만 화첩을 본 왕의 눈에 띄어 후궁으로 간택될 확률이 높기 때문이다. 그러나 왕소군王昭君은 자신의 미모만을 믿고 화공에게 로비를 하지 않았기 때문에 괘씸하게 여긴 화공이 화가 나서 제일 못생긴 얼굴로 그려 버렸다. 때마침 화첩을 보면서 흉노에게 보낼 궁녀를 고르던 원제는 가장 못생긴 얼굴로 그려진 왕소군을 흉노 왕에게 선물로 주기로 결정하고 그대로 했었다. 그러나 실물을 보게 된 흉노 왕은 좋아서 어쩔 줄을 몰라 했고 사연을 알게 된 원제는 화가 나서 화공의 목을 베어 버리고 말았다. 하지만 중국의 4대 미인 가운데 한 사람이었던 왕소군은 자신의 처지를 운명으로 받아들이고 흉노 왕을 따라 동토로 떠나면서 슬픔을 달래기 위해 말 위에 앉아서 비파로 이별곡을 연주했는데 때마침 남쪽 하늘을 향해 날아가던 기러기가 비파 소리를 듣고 말 위에 앉은 왕소군을 보느라 날개짓하는 것을 잊어버리고 있다가 땅에 떨어졌다는 전설이 있으며 이로 인해 왕소군을 낙안落雁이라고 부르기도 한다. 추운 땅 내몽고에 도착한 왕소군은 봄이 왔

음에도 추위에 고통을 느끼면서

> 호지무화초胡地無花草　오랑캐 땅에는 꽃과 풀이 없으니
> 춘래불사춘春來不似春　봄이 와도 봄 같지 않다

라고 읊었다.

왕소군은 흉노의 땅에 묻혔는데 겨울이 되어 초목이 시들어도 왕소군의 무덤에는 사시사철 푸르기 때문에 그의 무덤을 청총靑塚이라고 한다.

초선貂蟬은 삼국지 시대인 중국 후한 말의 정치가인 왕윤王允(137~192)의 가기歌妓였으며, 그녀를 가리켜 천향국색天香國色이라고 하며, 나라를 망하게 할 정도의 미모를 지녔기에 경성지모傾城之貌라든가 경국지색傾國之色이라는 말은 그녀에게서 나온 고사이다.

▲ 미인매

『삼국지연의』에서 왕윤의 수양딸로 등장해 동탁과 여포 사이를 이간질시키는 역할을 하는 것으로 유명한 여인이다.

미인매 꽃의 정면은 모두 연한 자주색이며 꽃심 부분은 색이 조금 더 진한 편이다. 꽃잎은 25~28장이며 수술은 꽃잎 길이의 절반 정도이다. 모양은 복사형이다. 꽃실은 연한 자홍색이며, 황토색의 꽃밥을 가지고 있다. 하나의 수술을 가지고 있으며 발달되어 있다. 꽃심은 밖으로 드러나 있다. 꽃의 지름은 29~34㎜이며 모양은 접시형에 가깝다. 꽃받침은 5장이며 굽어져 있고 색은 진홍색이다. 꽃자루의 길이는 약 0.4~0.9㎝이며, 꽃망울의 모양은 넓적한 타원형이고 색은 연한 진홍색이다. 꽃은 아주 빽빽하게 비교적 늦게 잎과 함께 개화한다. 잔가지의 색은 검은빛을 띠고 있는 회갈색이다. 굵은 가지의 색은 자주색을 띤 회갈색이다. 잎의 색깔은 검붉은 진홍색으로 다른 매화와는 다른 특이하고 아름다운 품종이다.

# 서암사 와룡매

일본의 동북쪽 태평양 연안에 있는 일본의 3대 미항美港 가운데 하나인 마쓰시마(松島)에 인접해 있는 쯔이간지(瑞巖寺)는 일본의 미야기겐(宮城縣) 미야기군(宮城郡) 마쓰시마마찌(松島町) 91번지에 소재하고 있으며, 서기 828년에 개원한 유서 깊은 절이다.

내가 이 절을 방문한 때는 2003년 4월 3일이었다. 4월이라고 하지만 제법 쌀쌀함이 느껴지는 기온은 일본에서도 동북쪽에 치우쳐 있는 지리적 여건 때문인 것 같았다. 이곳을 방문하게 된 목적은 일제가 우리나라의 침략을 감행하기 위하여 선봉장이었던 도요토미 히데요시(豊臣秀吉)가 출병명령을 내렸을 때, 함께 우리나라에 온 미야기현 센다이시(仙台市) 성주城主 다데마사무네(伊達宗政)가 1593년 창덕궁 선정전 앞에 심겨져 있던 와룡매를 일본으로 가져가 서암사에 심어놓은 것을 현황 파악과 생태조사를 위해서였다.

주한 일본대사관에 이러한 내용을 통보하여 협조를 요청하였더니, 일주일 후 미야기현 서울사무소장인 스즈키 소이치로(鈴木莊一郎)가 필자의 연구원(한국매화연구원)을 찾아왔다. 그는 나의 연구원의 현황을 상세히 알아본 다음 서암사 와룡매를 찾게 된 이유를 물었다.

나는 그 자리에서 "우리의 궁궐에 있던 매화가 불법적으로 일본으로 뽑혀갔으므로 생육상태를 확인점검하고 그 사실을 우리 국민들에게 알리고자 하며, 가능하다면 본래 있었던 자리로 옮겨오고 싶다"는 뜻을 전했다.

그 후 스즈키 소장은 나의 생각을 본국 정부에 전달하여 관련 기관에서 협의 중이므로 며칠만 더 기다려 달라는 연락이 왔고, 10여 일쯤 지나서야 드디어 와룡매의 개화기에 맞추어 2003년 4월 초에 방문해 달라는 통보가 왔다. 나는 하루라도 빨리 와룡매를 보고 싶은 생각에 4월 3일에 출발하는 비행기를 예약하고 당일 12시 30분에 센다이 공항에 도착하게 됨을 알려 주었다. 2시간 10여 분의 비행 끝에 센다이 공항에 도착한 나와 아내는 영접을 나온 미야기현청의 산업경제부 국제경제실 야나기사와 히로시(柳澤宏) 씨의 안

2003年(平成15年) 4月4日 金曜日

MAINICHI

毎日新聞

毎日新聞東京本社

韓国梅研究の第一人者来県

西公園などで臥龍梅の調査

▲ 쯔이간지 와룡매 생태조사에 따른 일본 마이니치 신문 보도 내용

내로 영접 나온 2대의 승용차에 나누어 타고 와룡매를 직접 관리하는 아오바(青葉) 구청으로 갔다. 이때에 내가 탄 승용차에는 일간 마이니치신문(毎日新聞)의 다카하시 마사노리(高橋昌紀) 기자가 동승하여 일정이 끝날 때까지 취재하여 이튿날 아침 조간신문 2개 면에 상세히 보도했다.

구청장실에 도착한 나는 사이토(齊藤) 구청장으로부터 그동안 와룡매를 천연기념물로 지정하여 일본의 10대 명매로 관리해온 경위에 대하여 자세한 설명을 들은 다음, 와룡매를 생태학적이며 기술적으로 직접 관리해 온 (주)고이네구(ユイテツワ)의 기술부장(取締役技術部長)인 수목의樹木醫 하야사카 요시오(早坂義雄) 씨의 와룡매에 대하여 매년 건강진단과 병해충의 발생 예찰 및 방제는

▲ 센다이시 아오바 구청장실에서(좌로부터 필자 부인, 필자, 아오바구청장)

물론 적정한 비배관리와 새로운 뿌리를 발생하게 하여 나무를 젊어지게 하고 뿌리에 산소를 공급하여 수세를 확보하는 등의 상세한 관리 내용을 듣고 나서 그토록 보고 싶었던 와룡매를 향하여 서암사로 갔다. 서암사에서는 주지스님이 때마침 한국에 출타중이라서 절의 관리를 총책임하는 관리처장과 박물관장인 호리노 무네토시(堀野宗俊) 씨가 맞아주었다. 호리노 박물관장의 설명에 의하면 이곳에 있는 와룡매는 본래는 센다이 성내에 있었으나 서암사를 중수하여 상량을 할 즈음에 홍, 백 각 한 그루를 옮겨오게 되었다고 한다.

와룡홍매는 나무의 높이가 5.5m이고, 가지의 길이는 주간을 기준으로 하여 동쪽은 5.8m, 서쪽은 8.8m, 남쪽은 9.5m, 북쪽은

▲ 서암사 와룡홍매

8.5m이며, 줄기는 3개로 자라고 있고 그 가운데 중심 줄기가 근원직경 1.2m가량이다. 수세는 비교적 약한 편이나 젊은 새 가지가 발육하고 있으며, 수형은 수관 쪽의 짧은 가지가 대체로 성글게 자라고 측면의 가지들은 쇠약한 편이다. 수피에는 수태水苔와 이끼가 많이 발생하여 습도를 높이고 있으며, 줄기의 근원 주위에 산흙이 성토되어 있어서 산소공급에 문제가 있는 것으로 여겨졌다. 중심 줄기는 목질부후병木質腐朽病이 만연하여 줄기의 근원 부위에서부터 높이 약 2.2m의 길이가 직경 3분의 2가량 부패하였으므로 외과적 수술로 썩은 목질부를 모두 긁어내고 방부 처리를 한 다음 코르크가루 등을 으깨어 발라서 원형처럼 유지되도록 조치를 해 두었다.

▲ 와룡매 외과수술한 모습

그리고 수목의 하야사카 요시오(早坂義雄) 씨가 작성한 '와룡매 진단 및 처방전'에 따르면 생육환경면에서는 동남서측의 비자나무가 통풍을 저해하고 있으며, 와룡매 주위의 토양표면에 소태류蘇苔類가 수간에는 이끼류가 발생하여 관계습도가 높은 편이고, 와룡매의 활력면에 있어서는 수령이 400여 년이 경과하여 쇠퇴한 상황이며, 수간근원 주위에 산흙(山砂)이 30~40㎝ 성토되어 있으므로 토양표면에 산소공급이 단절되어 뿌리계통(根系)이 장해를 입어 근모根毛의 정상 발육이 저해를 입고, 양수분養水分의 흡수가 활성화되지 않으므로 줄기와 가지 잎에 양 · 수분의 공급이 잘 되지 않고 있으며, 줄기에 부후병균腐朽病菌이 침입하여 큰 줄기가 부패하였고, 이로 인하여 수세가 비교적 쇠퇴한 상태라고 했다. 그러므로 처방에 따른 치료와 조치는 근원 주위의 산흙을 걷어내고 대신 흑토黑土(火山灰土)를 22㎥와 부엽토 20kg, 유박油粕 20kg, 그 밖에 각종 미생물과 영양제를 시용하였고, 병해충 방제 비용으로만 5개년 동안에 8천2백여만 원을 투입한 것으로 나타났다. 이와 같이 정성을 쏟아 관리한 결과 근원 주위에는 새로운 모세근이 많이 발생하여 활력을 되찾게 되었다.

▲ 모세근이 발생한 모습

한편 와룡백매는 와룡홍매와 약 30여m 떨어진 곳에 자웅을 이루어 서 있으며 홍매보다 나무의 형태는 비교적 작아 보이지만 줄

▲ 와룡백매의 용트림하는 줄기 모습

기 하나가 지면을 향하여 마치 용이 기어가듯이 자라는 모습은 대단히 인상적이었다. 수세는 홍매에 비하여 건강한 편이다.

와룡홍매와 백매는 접목에 의한 후계목을 양성하여 원목이 고사할 것에 대비하여 서암사 경내에 심어 배양하고 있으며, 1999년 3월 26일 그 묘목 가운데 홍과 백 한 그루씩을 당시 서암사 주지였던 히라노소조(平野宗淨)가 우리나라에 가져와 와룡매의 귀환식을 마친 다음 서울 남산의 안중근의사 기념관 앞에 심게 되므로 400여 년간 이국땅에서 자라던 와룡매가 묘목이나마 환국을 하게 되었던 것이다.

서암사 와룡매에 대한 탐매를 마친 우리는 일제침략 당시 창덕궁 선정전에서 매화를 뽑아갔던 다데마사무네(伊達宗政)의 고택을 찾았다. 센다이 시내가 한눈에 내려다보이는 언덕에 약 3,000여 평 정도 되어 보이는 경내에는 센다이의 성주였음을 기념하는 커다란 기념비와 전적탑을 비롯하여 말을 타고 있는 위엄이 넘치는 동상과 오래된 고목들이 어우러진 곳에 저택은 건평이 약 40여 평 되는 옛날식 검소한 건물을 그대로 유지 보존하고 있으며, 후손들이 지키고 있었고 일반인의 출입은 통제되고 있으나 안내를 맡았던 현청의 야나기사와 히로시(柳澤宏) 씨가 "한국에서 이곳에 있는 와룡고매를 탐매하러 왔으므로 양해해 달라"는 부탁을 하여 집 안으로 들어서게 되었고, 그곳에 있는 와룡고매를 둘러볼 수가 있었다. 이곳의 고매는 두 줄기로 쌍간을 이루어 자랐으며 그중 한 줄기는 역시 목질부후병木質腐朽病으로 인하여 손상된 것을 긁어내고 하얗게 석회유황합제를 칠해 놓았다. 꽃은 서암사 와룡홍매

▲ 다데마사무네의 흉상

와 같은 종이었다.

다데마사무네의 고매를 본 다음 미야기형무소에 있는 와룡매를 찾아보려는 나의 계획은 형무소의 특성상 출입이 제한되어 어렵겠다는 관계자의 의견에 따라 그만두기로 하고 서공원西公園에 있는 와룡매를 보기로 하여 그곳으로 향했다. 서공원의 아마추어 야구장 휀스 밖에 있는 그곳의 와룡매는 두 갈래의 굵은 뿌리가 땅 위로 노출된 모양이 마치 용이 발톱으로 땅을 움켜쥐는 것 같은 형태로써 살아 있는 용의 꿈틀거림을 보는 듯하여 참으로 경이롭고 기이함을 느끼지 않을 수가 없었다. 이곳의 와룡매는 꽃색깔이 흰색으로 서암사 와룡백매와 같은 품종이었다.

▲ 서공원 와룡매

나는 일본에 뽑혀간 우리의 와룡매들을 둘러보고 나서 물론 우리나라에 있었더라도 더 잘 가꾸고 돌보았을 것이라고 믿지만 그들의 정성스런 고매의 관리 즉 나무 한 그루에 지정 수목의樹木醫를 두어 수시로 나무의 건강상태를 검진하고 병해충의 감염여부를 진단하여 수세강화를 위한 조치와 약제를 이용하여 구제를 하는 것과 막대한 예산을 투입하는 한편 천연기념물로 지정하여 보호하고 보존하여 후손들에게 물려주고 있는 것은 우리에게도 많은 것을 느끼게 하는 점이라고 여겨진다.

와룡매는 우리의 살아 있는 문화재를 약탈해 간 것이기 때문에 당연히 반환을 요구할 수도 있겠지만 수령이 400년이 넘었고 이식을 한다고 할 경우 굵은 뿌리를 많이 잘라내야 하고 그에 따라 지상부와의 밸런스(Balance)를 유지해야 하기 때문에 일부 줄기나 가지를 과감하게 축소시켜야 함으로 나무의 본래 원형이 손상되고, 이식 후 활착에 있어서도 상당한 문제점이 있기 때문에 옮겨오는 것은 시기를 이미 놓친 것으로 생각되었다. 아쉬움이 남기는 했지만 어쩔 수 없는 일이라고 생각되었다. 와룡매의 생태조사는 일본 측의 각별한 협조와 배려로 무사히 마치게 되어 참으로 다행스럽게 생각한다.

# 서호와 임포

중국 절강성 항주는 중국의 7대 고도 가운데 하나다. 춘추시대의 오吳나라와 월越나라 그리고 남송南宋(1127~1280)시대의 도읍지였다. 이탈리아의 여행가 마르코 폴로(Marco Polo, 1254~1324)는 항저우를 가리켜 세계에서 가장 아름다운 도시라고 격찬했다. '상유천당 하유소항上有天堂 下有蘇杭' 이라는 말이 있는데, 이는 하늘에 천당이 있다면, 땅에는 쑤조우(蘇州), 항조우(杭州)가 있어 '속세 천당' 이라는 것이다.

서호는 원래 무림수武林水 또는 전당호錢塘湖라 불리었다. 소동파의 시에 나오는 '욕파서호비서자欲把西湖比西子'라는 데서 따서 '서자호西子湖' 로 부르기도 했다.

항저우 시내로부터 서쪽에 있어 서호라 부르기도 하고 그 여성적인 경치를 절세의 미녀, 서시西施 (춘추시대 월나라의 미녀, 본명은 이광夷光)에 견주어 서시호라고 부르기도 한다.

서호는 면적이 5.6㎢이고 둘레가 15㎞인 타원형 호수로 평균 수심은 1.8m이며, 깊은 곳은 2.8m 정도 된다. 서호십경西湖十景 가운데 하나인 단교잔설斷橋殘雪과 고산은 락천樂天 백거이白居易(772~846)가 건설한 백제白堤를 따라 이어져 낙조 풍광이 아름답기 그지없다. 고산의 관매觀梅는 당송시대부터 유명하였다. 중국 명말의 문인이었던 원굉도袁宏道(1568~1610)는 「서호」라는 고문에서 "서호가 가장 아름다운 때는 이른 봄 초승달이고, 하루 중에 가장 아름다운 때는 이른 아침 안개와 초저녁 놀의 먼 산 빛(西湖最盛初春初月 一日之盛 初朝煙初夕嵐)"이라고 했다.

서호에는 20년 동안 세상에 나오지 않고 매화를 아내로 삼고 학을 아들로 삼으며 은거했던 매처학자梅妻鶴子의 고사를 남긴 고산처사孤山處士요 시인인 임포林逋(965~1026)의 방학정放鶴亭이 있다.

▲ 임포의 방학정에서 필자(새로 건축된 것)

임포와 같은 절강성 전당현 사람인 심괄沈括(1031~1095)이 지은 「몽계필담夢溪筆談」에 보면 "임포는 고산에 은거하면서, 한 쌍의 학을 기르고 있었는데, 그들을 놓아주면 멀리 하늘로 올라가 공중을 오랫동안 돌아다니다가 우리 안으로 들어갔다. 만약 손님이 임포의 처소에 찾아오면 동자가 손님을 맞아들여 우리 안의 학을 날려 보내면, 낚시를 하던 임포가 작은 배를 저어 집으로 돌아오곤 하였다."고 한다.

즉 공중의 학이 울어 손님이 온 것을 알려주었다는 것이다.

방학정 주변과 임포의 묘소 언저리에는 매화가 한창 피기 시작했다. 나는 그곳을 이리지리 시성이면서 임포가 남긴 세기의 절창이라고 하는 「산원소매」의 시를 흥얼거려 보았다.

서호의 소제에는 삼현당三賢堂이 있는데 백거이白居易, 소식蘇軾과 함께 임포가 서호의 상징이 된 것이다.

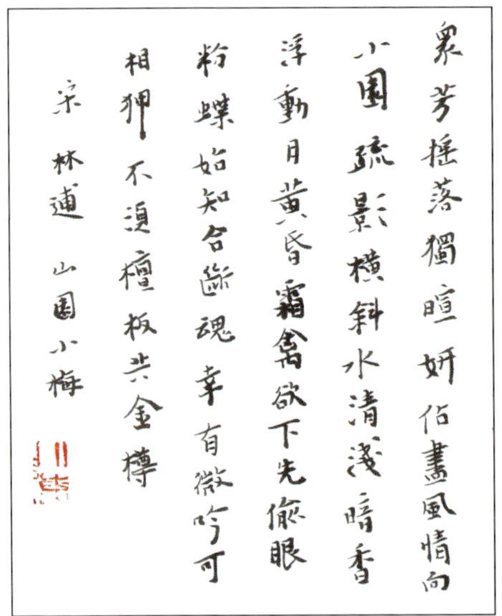

◀ 방학정에 걸려 있는 임포의 시 「산원소매」

| | |
|---|---|
| 중방요락독훤연衆芳搖落獨暄姸 | 모든 꽃들이 진 뒤에 홀로 아름답게 피어나, |
| 점진풍정향소원占盡豊情向小園 | 바람이 잦아들자 작은 정원으로 향했네 |
| 소영횡사수청천疎影橫斜水淸淺 | 성긴 그림자는 얕은 물에 비끼어 어리고, |
| 암향부동월황혼暗香浮動月黃昏 | 은근한 향기는 황혼 녘에 짙어오네 |
| 상금욕하선투안霜禽欲下先偸眼 | 학은 앉으려다 먼저 눈을 흘겨 바라보고, |
| 분접여지합단혼粉蝶如知合斷魂 | 나비가 알았다면 응당 넋을 잃었으리 |
| 행유미음가상압幸有微吟可相狎 | 다행히 나 홀로 조용히 읊조리며 너와 함께 즐기니 |
| 불수단판공금준不須檀板共金樽 | 단판이 없어도 술잔을 함께하리라. |

아름다운 서호의 출렁이는 물결이 햇볕을 받아 물고기의 비늘처럼 반짝이는 호숫가에 심겨진 수양버들 가지가 봄바람에 하늘거리는 모습이 서호의 절경과 임포에 대한 그리움에 흠뻑 빠진 나그네의 향수를 더욱 짙게 한다.

방학정의 두 마리 학은 멀리서 찾아간 방문객을 반가이 맞아 주었다. 먼 옛날 화정 선생이 노닐던 방학정을 둘러보고 나서 임포의 묘소를 찾았다. 생전에 그가 살았던 고고하고 청빈했던 것처럼

▲ 방학정 옆 연못에 있는 동제조각품 학

그의 묘소는 요란스럽지 않았다. 임포가 좋아했던 매화만이 암향을 풍기고 있을 뿐.

서호에 가면 꼭 먹어 보리라 맘먹었던 음식이 있다. 동파육이다. 동파육은 소동파와 관련된 고사가 전해오는 돼지고기 요리다. 소동파가 항저우 지사를 역임하면서 서호를 준설하여 제방을 쌓아 주변의 논밭에 관개의 혜택을 주므로 백성들의 근심을 덜어주었다. 오늘날에도 서호에 남아 있는 이 제방은 소제蘇提라고 부르고 있으며 소제춘효蘇提春曉가 서호 10경 가운데 하나이다. 어느 해 풍년이 들었을 때 백성들이 서호 준설에 감사하여 돼지고기와 술을 들고 세배를 왔다. 이후 소동파가 다시 돼지고기를 사각형 덩어리로 삶아 술과 함께 서호 제방을 쌓던 인부들 집집마다 고기를

▲ 임포의 묘소

보내 새해 인사를 하려고 했다. 그러나 부인이 조리를 할 때 '술과 함께 전하다(連酒一起送)'를 '술과 함께 삶다(連酒一起燒)'로 잘못 알아듣고 요리하였다. 이때 뜻밖에 만들어진 고기가 더욱 향기롭고 맛있었다고 한다. 사람들은 소동파가 인부들을 잊지 않은 것을 보고 더욱 감동하여 그를 더욱 존경하였고 그가 전해준 고기를 동파육東坡肉이라고 불렀다.

서호의 서북쪽에 자리한 루외루樓外樓는 이 고장에서 동파육을 가장 맛있게 잘 만드는 이름 있는 음식점이다.

루외루에서 먹어 본 동파육은 부드럽고 간이 잘 밴 돼지고기의 색다른 맛과 향을 느낄 수 있었다.

항저우의 대표적 요리로는 시후초어, 용정하인, 동파육이 유명

▲ 동파육 전문음식점 루외루

◀ 루외루의 동파육(돼지고기 덩어리와 청경채를 함께 담았음)

하다. 시후초어는 서호에서 잡은 생선에 달고 신 양념장을 넣어서 만든 요리이고 용정하인은 항저우 서남쪽 교외에 있는 룽징龍井(용정)의 명산인 차 잎을 넣어 조리한 새우 요리이며, 동파육은 돼지고기 덩어리를 중국의 춘장에 넣어 간을 들인 후 삶은 돼지고기 요리다.

백제白堤 위로 아름다운 낙조의 풍광이 펼쳐지는 모습을 뒤로하고 임포의 매혼이 여기저기 배어 있는 서호를 떠나왔다.

# 청와대 매화 기증

이명박 정부에서 역점을 두고 추진했던 4대강 사업이 준공됨에 따라 자전거 길이 1,692km로 연결되는 것을 기념하는 자전거 대축제가 4월 22일 행정자치부 주관으로 인천 서구 아라빛 섬 정서진 광장에서 개막식을 시작으로 막을 올렸다.

그 행사에는 이명박 대통령이 참석하여 서해갑문부터 한강에 이르는 경인운하의 아라뱃길 변에 조성된 자전거길 8km를 달린 후 매화동산에서 점심을 먹고 나서, 매화동산을 관람한 다음 김포터미널까지 나머지 약 10km를 달린 후 끝나도록 계획되었다.

나는 이명박 대통령이 매화동산을 관람할 때에 매화에 대한 이야기와 매화동산의 이모저모를 대통령에게 설명하기로 되어 있어서 함께 자전거를 타게 되었다.

이 행사에 참여한 사람은 모두 1,500명 정도라고 하는데 자전거로 달리는 데는 경호관계로 4개의 조로 편성이 되었다.

대통령과 함께 맨 앞에 출발하는 팀은 S조이고 바로 뒤에 출발하는 팀은 A조였다. 나는 A조에 편성이 되어 약 50여 명이 함께 달렸다. 나와 함께 달리는 A조에는 김관진 국방부 장관을 비롯하여 관광공사 이참 사장, 권도엽 국토부 장관과 여성부 장관 등 경호등급이 비교적 높은 사람들인 듯했다. 달리는 도중 여성부 장관은 바퀴가 아주 작은 자전거로 달리다가 도중에 넘어져서 다리를 다치기도 했다. 우리보다 뒤에 오는 B조는 주로 시, 도의 자전거 선수들과 임원들이었고 그 나머지는 생활체육회원인 듯한 C조 사람들이었다.

약 40분 정도의 달리기를 한 다음 매화동산에 도착한 일행은 주최 측이 준비한 도시락으로 점심을 먹었다. 점심식사를 마치고 대통령이 매화동산을 둘러보기로 되어 있었으나 날씨가 비바람이 세차게 몰아치면서 몹시 춥기 때문에 매화공원 관람은 다음에 하는 것으로 하고 바로 청와대로 출발하려고 하는 순간 수자원공사 김건호 사장이 대통령에게 나를 소개했다.

"각하. 이곳의 매화공원을 조성하는 데 여러 가지로 자문해 주시고 협조해 주신 한국매화연구원 원장님이십니다."

대통령은 나에게 악수를 청하면서,

"안녕하십니까? 매화시비도 잘 해 놓았다고 보고를 받았습니다. 감사합니다."

"안녕하십니까? 대통령께서 국가운영을 차질 없이 임기를 잘 마치도록 기도하고 있습니다."

"어느 교회 나가십니까?"

"저는 분당 지구촌교회 안형재 장로라고 합니다."

"네. 저도 지구촌교회 잘 압니다. 반갑습니다. 장로님."(이명박 대통령은 압구정동 소망교회 장로)

"그런데 한 가지 말씀 드릴게 있습니다."

"네, 말씀하시지요."

"우리의 궁궐 가운데 창덕궁에는 선조 때 중국 명나라에서 보내온 매화가 있었습니다만 청와대에는 매화가 없는 것으로 알고 있습니다. 관계 직원에게 얘기해서 청와대에 매화를 한 그루 심도록 했으면 합니다. 매화나무는 제가 준비하겠습니다."

"아, 그래요? 그것 참 좋은 생각이십니다. 그러면 매화나무 한 그루를 준비해주십시오. 연락 주시면 조치하도록 하겠습니다."

"감사합니다. 그렇게 하겠습니다."

그리고 자리에서 일어나 밖으로 함께 걸어 나오면서 김건호 사장은 대통령에게,

"원장님께서 이곳에 심은 좋은 매화나무를 보내 주시고 많은 자문을 해주셨습니다."라고 말하자, 대통령은 나를 향하여 "아, 그래요? 아주 매화 전문가시라고 알고 있습니다. 아까 얘기했던 매화나무가 준비되면 꼭 연락 주세요." 하셨다.

두 번째 부탁을 하고는 맹형규 장관 등 일행과 함께 대형버스를 타고 청와대로 향해 떠났다.

김건호 사장은 나에게 날씨도 춥고 하니 나머지 김포 터미널 구간까지의 자전거 타기는 그만두라고 권유하면서 관계관에게 지시하여 수자원공사에서 준비한 차량으로 "집에까지 모셔다 드리세요."라고 하여 편안히 오게 되었다.

그리고 나서 며칠 후 음성농장에 내려가 기증할 매화나무를 선정했다. 수고 약 3.5m, 수관폭 약 3m, 근원직경 20㎝인 수령 약 30년생이다. 꽃은 백색이고 꽃받침이 녹색이며 향이 짙은 '녹악매' 다.

사진을 찍어서 청와대 총무비서실 담당 행정관에게 이메일로 보내고 나서, 청와대 권영록 행정관이 음성농장까지 와서는 나무를 확인하고 현장에서 나에게 핸드폰으로 연락이 왔다. 지금 캐 옮기게 되면 잎이 빨갛게 마르고 활착에도 어려움이 있으니, 분 뜨기 작업을 해 두었다가 새 뿌리가 내린 다음 가을철에 옮기는 것이 어떻겠느냐고 했다. 나는 그렇게 하는 것이 좋겠다고 말하고는 곧바로 관리인(홍병기)을 시켜 분 돌림 작업을 하도록 지시했다. 분의 크기는 나무의 밑둥 굵기 직경의 2배인 50㎝를 분 크기의 반경으로 했다. 동그랗고 예쁘게 분을 만든 다음 녹화마대를 감고 나서 녹화 끈으로 조여 메고, 다시 8번 철사로 촘촘히 얽어서 단단히 조인 다음 고무바로 마무리를 했다.

그 상태에서 흙을 다시 메워 나가면서 관수를 했다. 물에는 새 뿌리가 잘 내리게 하기 위하여 발근 촉진 및 영양제인 '에코마이크로'를 풀어서 주었고, 가지와 잎이 시들지 않도록 미국 월트푸르트사에서 제조한 '월트푸르트'를 살포해 주었다. 월트 푸르트는 소나무 기름에서 추출한 베타파이닌 폴리머(Beta-Pinene Polymer)로 수분의 증산을 억제하는 효과가 약 6개월가량 지속되며, 자연 분해되는 친환경적인 제품이다. 또한 줄기와 가지에는 각종 해충의 침해를 예방하기 위하여 '스미치온' 유제를 약액이 흐르도록 충분하게 뿌려주고 나서 비바람에 흔들려 뿌리 내리는데 지장이 없도록 지주목을 단단히 메어 주었다.

그 후 11월 중순경 청와대에 연락했더니 11월 20일에 이식을 하자고 했다. 그리고 청와대에 들어가기 위해 출입허가를 얻기 위하여 내 차량과 매화나무를 싣고 갈 관리인 차량 번호 및 나와 관리인의 성명, 주민등록 번호를 메일로 알려 주었다. 그런데 관리인 홍병기가 자기 아내도 함께 가서 구경하도록 해 달라기에 그렇게 하기로 하고 함께 경호실 승인을 얻었다.

11월 20일 오전 11시경 나와 매화나무를 실은 관리인 그리고 함께 타고 온 관리인 홍병기의 부인은 청와대 시화문에 도착하여 경호실의 출입 절차를 밟은 다음 비표를 받았고, 차량은 경비견까지 데리고 와서 샅샅이 점검을 한 후에 다시 나와 정문 앞을 가로질러서 동쪽 연풍문을 통하여 청와대 경내로 들어갔다. 나중에 들은 얘기지만 정문은 외국 사절이나 장관들만 출입한다고 했다.

매화나무가 경내에 도착하니 시설부서의 조경팀 6명이 미리 대기하고 있었다.

나는 권영록 행정관의 안내로 총무기획관실 조오영 국장실로 가,

▲ 대통령 관저 앞에 심겨진 녹악매

차를 마시고 매화에 대한 많은 얘기를 나눈 다음 내가 펴낸 『한국의 매화』 『매화보』 『매화를 찾아서』와 이어령 박사를 책임편집인으로 하여 나를 포함한 한, 중, 일 3개국 21명의 학자가 필진으로 참여하여 펴낸 『매화, 梅花, うめ』를 선물해 주었다. 조 국장은 그 자리에서 직원을 시켜 몇 가지 선물을 내 차에 싣도록 지시하였다. 집에 와서 펼쳐 보니 손목시계와 백자 컵 2개였다. 손목시계는 앞면에 무궁화와 봉황으로 만들어진 대통령 문양과 아래 부분에 '이명박' 이라는 자필 서명이 새겨져 있고, 뒷면에는 '제17대 대통령 내외 이명박, 김윤옥' 이라고 새겨져 있었다. 그리고 컵에는 청와대 본관과 부속 건물의 사진이 겉면에 인쇄되었다.

청와대 구내식당에서 점심을 먹고 나서는 권영록 행정관의 안내로 경내를 골고루 돌아보았다. 나라의 최고 통치자가 있는 곳으로 손색이 없을 만큼 잘 가꾸어져 있어서 마음이 흐뭇했다.

내가 기증한 매화는 대통령 관저에서 약 50m가량에 위치하였고, 대통령이 관저에서 나와 본관까지 걸어가는 길가에 심어졌다. 토질은 마사토 토질인 데다, 약간 언덕배기와 같은 위치에 식재되었기 때문에 생육 환경은 최상의 조건이라고 생각되어 천 년은 무난히 생육할 수 있을 것이라고 여겨졌다.

조선시대 퇴계 이황은 동헌의 마당가에 매화를 심어 놓고 나랏일이 잘 풀리지 않을 때면 매화에게 묻고, 매화가 답하는 것을 참고하였다는 일화가 있듯이 앞으로 수많은 이 나라 대통령들이 어진 정사를 펴 나가기 위하여 매화를 가까이하고 매화향기로 인하여 그들의 영혼이 맑아져서 올바른 국정을 펼쳐 나가는 데 커다란 보탬이 되어 줄 것을 바라는 마음이다.

# 조선의 명품 정릉매

다산 정약용의 둘째 아들인 정학유丁學游(1786~1855)의 『농가월령가農家月令歌』의 3월에 보면 다음과 같은 내용이 있다.

> 한식 전후 삼사 일에
> 과목果木을 접하나니
> 단행丹杏 인행仁杏 울릉도鬱陵桃며,
> 문배, 참배, 능금, 사과,
> 엇접, 피접, 도마접이
> 행차접이 잘사나니
> 청다대 정릉매는
> 고사古査에 접을 붙여
> 농사를 필한 후에
> 분盆에 올려 들여 놓고

천한백옥天寒白屋 풍설 중에
춘색을 홀로 보니
실용은 아니로되
산중의 취미로다.

즉 3월에 정릉매의 가지 하나를 꺾어 고목 등걸에 접을 붙여 농사일을 마친 겨울, 눈 내리는 가운데 화분에 올려 심고 감상하는 것이 비록 먹고사는 것과는 무관하지만 산중의 취미라는 것이다.

조선시대 이조참판을 지낸 소정邵亭 김영작金永爵(1802~1868)의 『고매산관기古梅山館記』에는 정릉매에 관한 기록이 있다.

"성 안에 매화를 품평하는 사람은 반드시 정릉 재서齋署에 심어놓은 것을 먼저 든다. 지금껏 300여 년 되었는데 꽃이 거꾸로 드리워지고 꽃잎이 크고 향기가 진하여 보통 매화와는 전혀 다르다. 세상 사람들은 라부산羅浮山에서 나는 것이라 하는데, 『석호매보石湖梅譜』를 살펴보면 90여 종의 매화가 있지만 이와 같은 종류는 없다. 오직 두보杜甫가 '강가에 한 그루 매화 드리워 피었는데(江邊一樹垂垂發)' 라 한 것이 그나마 이와 비슷하다. 정말 매화 중에 진귀한 품종이다. 안향청安香廳* 좌우에 몇 그루의 오래된 나무가 있는데 등걸이 야위고 구불구불하며 성긴 꽃술이 백옥을 달아 놓은 듯하다. 꽃이 흐드러지게 필 때면 재관들이 서울의 시인들을 초대하여 매화음梅花飮을 벌여 마침내 산중의 고사가 되었다.

영조 때 능참봉 아무개가 동쪽 창을 뚫어 가지 하나를 방 안으로 끌어들였는데, 방 안이 따뜻하여 꽃망울이 먼저 터졌다. 동지향관冬至享官이 와서 보고는 기이하게 여겨 돌아가 임금께 아뢰었다. 임금께서 내시를 시켜 가서 보게 하였더니, 내시가 꽃가지 몇을 꺾어 말을 치달려 바쳤다. 이로 말미암아 동쪽 담장 아래 있는 것이 더욱 세상에서 예쁘다고 일컬어지고 있다."

城中評梅者, 必先數靖陵齋署之植, 蓋三百有餘年于玆. 花蒂倒垂, 瓣大香郁, 與凡梅逈不侔. 世稱羅浮種, 考石湖梅譜, 無與此類, 獨老杜江邊一樹垂垂發者, 差近之, 洵梅中希珍之品也. 安香廳左右, 有幾株老樹, 瘦幹屈鐵, 疎蘂綴玉, 每當花之盛開也, 齋官招洛下詩人作梅花飮, 須成山中故事. 英廟時寢郎某, 鑿東誘引入一枝, 室中熏煖, 蓓蕾先坼. 冬至享官, 見而奇之, 歸白于上, 上遣中使往視之, 中使折數枝馳獻由, 是其在東墻下者, 尤爲世所艶稱焉

* 안향청安香廳 : 사직 공원 내 사직서社稷署의 중심 건물로 제례의 준비절차와 친제親祭시 왕이 대기하던 건물로 숙종 때부터 안향청이라 불렀다.

정릉 매화가 세상에 이름난 까닭은 희귀한 '도심매倒心梅' 였기 때문이다. 도심매는 꽃이 거꾸로 드리우는 특수한 품종이다. 위 글에서 보듯이 두보杜甫가 "강가에 한 그루 매화 드리워 피었는데, 세월은 덧없이 백발만 재촉하네(江邊一樹垂垂發, 朝夕催人自白頭)."라고 한 바로 그 매화이므로 중국에서는 유래가 깊었던 모양이다. 퇴계退溪 이황李滉이 「다시 도산의 매화를 찾아(재방도산매再

訪陶山梅)」라는 시에서 "한 봉오리만 등진다 해도 시기받을 만한데, 어찌하여 모두 다 거꾸로 드리워 피었던가(一花纔背尙堪猜, 胡乃垂垂盡倒開)."라고 하였으니 도산서당에도 도수매가 있었던 모양이다. 이 시의 주석에는 다음과 같이 기록되어 있다.

> "성재誠齋의 『매화시梅花詩』에 '꽃잎 하나 무뢰하게 사람을 등지고 피었다'라 하였는데 내가 이 중엽매를 남쪽 고을의 친구에게서 얻었다. 꽃이 붙은 것이 하나같이 땅을 향하여 거꾸로 되어 있다. 곁에서 바라보면 꽃심花心이 보이지 않아 반드시 나무 아래서 낯을 위로 들어야 그 꽃심이 하나하나 보인다. 꽃송이가 수북하여 사랑스럽다. 두보의 시에 "강가에 한 그루 매화 드리워 피었는데(江邊一樹垂垂發)라고 한 것이 이러한 종류의 매화를 가리키는 듯하다."
>
> 誠齋梅花詩 一花無賴背人開, 余得此重葉梅於南州親舊, 其著花一皆倒垂向地, 從傍看望, 不見花心, 必從樹下仰面而看, 乃得一一見心, 團團可愛, 杜詩所謂江邊一樹垂垂發者, 疑指此一種梅也.

범성대范成大의 『매보梅譜』에 보면 매화 중에 비스듬하고 성기며 늙은 가지가 기괴한 것이 귀한데, 푸른 꽃받침이 있는 녹악매綠萼梅와 꽃심이 뒤집어진 도심매倒心梅가 기이한 품종이라고 하였다. 조선 영조 때의 실학자 이익李瀷(1681~1763)은 『성호사설星湖僿說』에서 도심매를 하나의 항목으로 다루면서 자신은 이러한 매화를 보지 못하였다고 하였다. 도심매가 중국 문헌에서는 도수매倒垂梅라는 이름으로 드물게 나타난다. 중국에서도 도심매가 매우 희귀한 종이었음을 알 수 있다. 조선 말기의 실학자 이규경李圭景(1788~ ?)의 『오주연문장전산고五洲衍文長箋散稿』 「도수매변증설倒垂梅辨證設」에는 이 기사를 다시 인용하고서 우리나라에서 도심매는 소의문昭義門 바깥 천연정天然亭에 있다고 증언하였고, "또 요즘 세속에서 매화 가지를 굽혀서 거꾸로 드리우게 하고 오래된 등걸을 그 곁에 꽂아서 스스로 기이한 품종이라고 여긴다"라 하여 인공을 가미한 도심매가 조선 후기 등장하였던 것을 알 수 있다.

(소의문은 지금의 서소문이며, 천연정은 조선 영조 17년(1741) 서지西池가에 세운 정자로서 시인 묵객들이 노닐던 곳으로 서대문구 천연동 13번지 금화초등학교 부근에 있었다.)

정릉의 매화가 명품으로 일컬어진 첫 번째 이유는 이처럼 세상에서 희귀한 도심매였기 때문이다. 게다가 정릉 매화는 영조의 사랑을 받았기 때문에 더욱 명품이 될 수 있었다. 어떤 능참봉이 매화 꽃가지를 방 안으로 끌어들여 따스한 기운에 먼저 꽃망울이 터졌고, 이 소식을 들은 영조가 내시를 시켜 가져오게 하여 완상하였으니, 정릉의 매화는 임금의 성은을 입게 된 것이다.

그런데 이 매화는 사실 국내산이 아니라 중국산이었다. 이에 대한 김영작의 기록은 다음과 같다.

"예전 전하는 말에 만력萬曆 32년(1604년) 사명선사四溟禪師

유정惟政이 일본에 들어갔을 때 나가사키(長崎)와 시쓰마(薩麽) 사이에 정박하고 있는 광동廣東의 상선에서 나부산羅浮山 매화를 얻어, 배에다 싣고 돌아왔다고 한다. 지금 봉은사奉恩寺 심검당尋劍堂 동남쪽에 매화당梅花堂의 옛터가 있는데 사명선사가 머물던 곳이다. 이것이 그 증좌가 됨이 분명하다. 찬성贊成에 추증된 이신성李愼誠 공이 능참봉을 지낼 때 봉은사에서 정릉으로 옮겨 심었다."

舊傳萬曆三十二年, 四溟禪師惟政, 入日本從廣東商船泊於長崎薩摩遲間者, 獲羅浮梅, 載而歸, 今奉恩寺尋劍堂東南, 有梅花堂故址, 爲四溟住錫之所, 此其證甚哲也, 贈贊成李公愼珹, 爲寢郎日, 由禪寺移植,

이 기록에 따르면 정릉의 매화는 중국 나부산에서 자라던 것이다. 일본에 간 사명당이 상인으로부터 이를 구입하여 봉은사 매화당에 심고 즐겼다는 것이다. 그 후 이신성이라는 사람이 이 매화를 정릉으로 옮겼는데, 그가 정릉참봉에 임명된 정확한 연도는 알 수 없지만 대략 17세기 말엽으로 추정된다. 그 후에 이 매화의 역사를 계속 보기로 한다.

"이로부터 점차 접을 붙여 새 가지가 그루터기가 되고 잘라낸 그루터기에 새 가지가 돋은 것이 그 얼마나 되는지 알 수 없을 정도다. 문헌에서 증명할 수 있는 것으로는 영조 임자년(1732년)에 쓴 제명기題名記 책의 뒷면에 그 선조 찬성공이 북돋워 심은 역사를 기록한 사람은 이도익李道翼(仲弼)이다. 김굉유金宏裕(호號 매수梅叟)는 곽탁타郭橐駝처럼 뛰어난 원예 기술을 가지고 있었는데 병인년(1746년) 그의 손을 빌어 청향실 동서쪽에 나누어 심은 사람은 신간申暕(자子 휘輝)이다. 매수의 말로는 자신이 어린 시절 재서에 있던 예전 매화는 사라진 지 이미 오래인데, 재상을 지낸 송애松厓 서종태徐宗泰가 압구정鴨鷗亭으로 물러나 있을 때 나부산의 매화를 구해다 접을 붙여 심었다고 한다. 경오년(1750년) 매수의 말에 따라 지금 매화가 결단코 예전 매화가 아니라고 한 사람은 이석상李錫祥(士興)이다. 건릉健陵 병진년(1796년) 매화가 반쯤 마른 것을 보고 5~6본을 다시 심고 칠언절구 5수를 지어 그 전말을 기록한 사람은 신사준愼師浚(景深)이다. 정사년(1797년) 능지陵誌를 수집하고 매수의 말이 노망에 가깝다고 생각한 사람은 이정규李鼎珪(경진景鎭)이다.

나는 이렇게 생각한다. 나부산 매화는 우리나라에서 천하에 둘도 없는 큰 복덩이요 기이한 꽃으로 여긴다. 그런데 압구정은 정릉의 재서와 매우 가까운 거리이므로 애초에 압구정에 심었을 때 아마도 반드시 안 씨晏氏 집안에서 정원일을 하는 하인이 훔쳤을 것이니 절로 그 예전 모습을 회복하였을 것이다. 매수가 노망이 들었던 것이 아니라 단지 살피지 못했을 뿐이다. 어찌 이것에 근거하여 지금 매화가 예전 매화가 아니라고 성급히 단정 지을 수 있겠는가? 이도익 씨의 기문과 신사준 씨의 시를 한 번 보면 알 수 있는 일이니 굳이 여러 차례 변론을 할 필요가 없다."

自是轉轉接博, 稺而櫱斬而肄者, 不知爲幾遭, 其有文字可徵者, 元陵壬子書題名記卷後, 記其先祖贊成公封植之蹟者, 李氏道翼仲弼也, 金宏裕號梅叟, 善郭駝之術, 丙寅要其手, 分栽香室階之東西者, 申氏暕子輝也, 梅叟言, 叟少時, 齋署古梅絶已久, 松厓徐相國退去鴨鷗亭, 亭有羅浮梅, 求接頭以栽, 庚午據梅叟之說, 斷以爲今梅非古梅者, 李氏錫祥士興也, 建陵丙辰, 見梅樹半枯, 重栽五六本, 作七絶五首, 記其顚末者, 愼氏師浚景深也, 丁巳蒐集陵誌, 慮梅叟之言, 近於耄荒者, 李氏鼎珪景鎭也, 余謂羅浮梅在我東, 如蕃釐瓊花之天下無雙, 而鷗亭距齋署, 十牛鳴地, 原初鷗亭之植, 意必晏家園丁之偸, 則自是復其舊觀爾, 梅叟非耄荒特未之究耳, 豈可援此而遽斷今梅之非古梅乎, 李氏仲弼之記愼氏景深之詩, 一按可覆不須多辨也

조선의 명품으로 알려진 정릉의 매화는 정릉의 역사와 함께 기록되기 시작하였다. 정릉 매화의 역사는 먼저 『제명기題名記』로 정리되었는데, 정릉에 근무한 관원의 명단을 적은 책으로 추정된다. 이 제명기에 이신성의 후손인 이도익李道翼은 1732년 이신성이 매화를 옮겨 심은 전말을 기록하였다. 그러나 이 무렵 이미 정릉에는 이 매화가 사라지고 없었다. 이에 1746년 신간申暕이라는 사람이 매화 재배에 탁월한 능력을 갖춘 김굉유金宏裕라는 사람의 힘을 빌려 서종태徐宗泰가 물러나 살던 압구정鴨鷗亭에 있던 나부산 매화에 접을 붙여 청향실 동쪽과 서쪽에 나누어 심었다. 그 후 1796년 매화가 다시 말라죽게 되자 신사준愼師浚이라는 사람이 대여섯 본을 새로 구해 심었다. 1804년 정릉 직장을 지낸 이이순李頤淳 역시 이 매화에 대해 자세히 기록한 바 있는데 김영작의 글과 다른 곳이 있다.

“『정릉지靖陵誌』에 보니 정릉의 재실 앞쪽에 매화를 심은 지 이미 오래되었는데 그 연대는 알 수 없다. 어떤 사람은 서강西江에 살던 정릉의 군사가 중국에서 표류해온 배에서 분매를 얻어 왔는데, 정릉의 관원이 가져다 심었다고 한다. 그것이 중국에서 온 것이므로 사람들은 나부산 품종이라고 한다. 어떤 이는 고승 유정惟政이 강화 문제로 일본으로 들어갔을 때 우연하게 중국인을 만나 매화를 얻었는데, 돌아와서 봉은사에 두었다가 나중에 재실에 옮겨 심었다고 한다. 또 찬성 이신성이 참봉을 지낼 적에 심은 것이라고도 한다. 또 정릉 아래 인근 마을에 사는 노인 김만용金萬容이 송애松厓 서상국徐相國이 가지고 있던 나부산 품종의 매화를 안향청으로 옮겨 심었다고도 한다. 여러 가지 설이 의심스러우니 어느 것이 옳은지 알 수 없다.

매화의 품종은 매우 아름답다. 꽃잎이 크고 거꾸로 드리워져 있어 보통 품격과는 같지 않다. 호사가들이 접을 붙여 서울에 두루 퍼지게 되었다. 영조 때 어느 참봉이 창틈으로 매화 가지를 방 안으로 끌어들였는데 바깥은 흙으로 그 뿌리를 두텁게 북돋우고 그 줄기를 겹겹이 쌌다. 방이 따스하여 훈기가 일어나니 겨울이 되자 꽃이 피고 그윽한 향기가 방에 가득하였다. 동짓날 헌관獻官이 와서 보고 돌아가 그 일을 아뢰자, 주상이 이를 기이하게 여겨 내시를 보내어 살피게 하였다. 내시가 꽃가지 몇을 따서 바쳤다고 한다."

按陵誌, 本陵齋前植梅已久, 不知年代, 或云陵軍居西江者, 得梅盆於中國漂船, 陵官取而植之, 以其出自中國, 故人爲羅浮種, 或云, 高僧惟政, 以和事入日本, 遇中國人得梅, 還置奉恩寺, 後移植於齋室, 又云, 李贊成愼誠爲齋官時所植, 又云, 陵底近里居金老萬容, 取松厓徐相國所置羅浮種, 而移植於安香廳, 數設傳疑, 未知孰是, 而得品絶佳, 花葉大而倒, 不類常格, 好事者傳相接種, 殆遍京城, 嘗於英宗朝齋官, 從窓隙引枝入室, 外以塵土, 厚培其根, 重複其幹, 室煖氣蒸, 及冬而開花, 暗香滿室, 冬至獻官, 歸奏其事, 上異之, 遣中使視之, 中使摘數朶花獻之云,

이이순은 정릉의 매화에 대한 여러 가지 설을 두루 제시하였다. 서강의 군사가 표류선에서 가져왔다고 한 것이 새로운 설이다. 이신성이 심었다고 한 것은 봉은사에 있던 것을 옮겨 심은 것이라 보아야 할 듯하다. 앞서 김영작은 압구정에 있던 서종태의 매화를 옮겨 심은 사람이 김굉유라 하였는데 여기서는 김만용이라 하였다. 두 사람의 관계는 알 수 없다. 이이순은 이 매화를 사랑하여 한 가지를 화분에 옮겨 심어 반교泮校에 있던 그의 집으로 가져왔다. 그리고 "동국의 아름다운 꽃은 정릉 재실의 매화, 한 가지 한강을 건너 옮겨다 심었다네(東國佳花靖寢梅 一枝移渡漢江來)."라 하였다.

정릉 매화의 유래에 대해 설이 갈리는 한편, 매화가 죽어 여러 차례 새로 접을 붙여 살렸기에 과연 그 매화가 예전의 매화와 같은지를 두고도 논란이 일어났다. 1750년 이석상李錫祥은 글을 지어 다른 것이라 하였다. 그러나 1797년 이정규李鼎珪는 그렇지 않다는 주장을 내세웠다. 이에 대해 김영작은 정릉과 압구정이 가까우므로 같은 종이며, 이도익과 신사준 등이 이 매화를 두고 지은 시를 보면 같은 품종임을 알 수 있다고 하였다. 김영작은 이어지는 글에서 이렇게 적고 있다.

"지금 주상 4년 무술년(1838년) 내가 성은을 입어 정릉 참봉에 임명되었다. 재실에 도착한 날 예전의 기록을 읽고 오래된 자취를 탐방하였더니, 매화는 이미 7~8년 전에 남들이 가져가 버리고 휑하니 남은 것이 한 그루도 없었다. 서성이며 한참을 슬퍼하였다. 저자도楮子島 허노인許老人이라는 사람이 있다기에 백 리 바깥으로 흩어진 오래된 매화를 찾아서 접을 붙여 겨우 살려 놓았다.

다음 해 가을 동료 이휘재李彙載(德興)와 함께 의논하여 비로소 동쪽 담장 아래로 옮겨 심게 되었다. 이듬해 봄이면 두 세 송이 꽃을 피울 수 있을 것 같았다. 그러나 이휘재는 섣달이 되자 임기가 차서 돌아갔고, 나도 매화와 이별하게 되었다. 노년에 벼슬살이를 하느라 사방을 떠돌게 되었으니 그저 나중에 이곳으로 올 사람으로 하여금 혼자서 맑은 향기를 누리게 할 뿐이었다. 대개 능원을 지키는 관직을 맡았다면 구역 안에 있는 풀 한 포기 나무 한 그루도 정말 감히 훼손할 수 없는 법이다. 게다가 매화는 식물 중에서 아름답고 깨끗한 존재라서 보통 풀과 대오를 함께 하지 않는다. 또 먼 곳에서 옮겨온 매우 기이한 품종으로써 위로 지존께서 감상을 하셨고 수백 년 동안 이름난 분과 고승들이 이처럼 근실하게 심고 가꾼 것임에랴! 매화가 무성하고 시드는 것은 맡은 임무의 득실과 사람의 현우에 달려 있는 법이다. 이제 고사를 두루 수집하여 나를 이어 이 매화를 관리할 사람에게 알린다. 마침내 재실의 방 편액을 고매산관古梅山館이라 하고 이렇게 기문을 쓴다."

今上四年戊戌, 余蒙恩授靖寢郞, 到齋日讀舊紙訪古蹟, 則梅已七八年前, 爲人所取去, 蕩然無復一株, 徘徊悵惋者久之, 聞楮島有許老人, 訪古梅之流落百里外者, 栽接纔活, 翌年秋與僚友李彙載德輿, 謀始克移植于東墻下, 厚其培堅其築, 匝歲而四五氣條, 高出于墻, 來春似可著三數花, 而德輿已於徂臘仕滿而歸, 余又將與梅花別, 暮景宦迹, 隨緣四方, 獨令後來之人, 專香淸馥矣, 夫職守陵園, 疆界之內, 一草一木, 固不敢毁傷, 況梅是植物中芳且潔者, 不與凡草木伍, 而又遠徒絶奇之種, 仰邀至尊之賞, 數百年名公高僧, 以告夫繼余而管領是梅者, 遂扁齋居之室, 曰古梅山館, 是爲記.

김영작은 1838년 정릉 참봉에 임명되었다. 재실에 도착하자마자 이 매화에 대한 자료를 구하여 읽고 현장 답사를 하였다. 그 결과 매화는 이미 7~8년 전에 사라지고 아무것도 남아 있지 않았다. 이에 저자도에 매화 접을 잘 붙이는 허노인이라는 사람이 있다는 소문을 듣고 인근에 오래된 매화를 찾아서 접을 붙인 다음, 이듬해 원래 매화가 있던 동쪽 담장 아래 옮겨 심었다. 그 정성에 매화는 일 년 만에 다시 소생하고 꽃을 피우게 되었다. 이를 기념하여 재실의 이름을 고매산관古梅山館이라 하였다.

그런데 이 일을 함께한 이휘재李彙載 역시 이 매화에 대한 기록을 남겨 놓았다. 이에 따르면 정릉 동쪽 담장 아래 있던 매화가 피면 원근의 벼슬아치를 불러 매화음梅花飮을 즐겼는데, 이휘재가 직장으로 와보니 매화는 이미 없어졌다. 이에 김영작이 오래된 매화를 가져와 옛 자리에 심었는데 담장이 무너지면서 매화도 압사하고 말았다. 이휘재는 이 매화가 원래 옛 품종이 아니므로 이제 담장 밑에서 죽은 것은 우연이 아니라고 하면서 다시 정릉 근처의 오래된 품종을 구해다 심었다고 하였다.

이리하여 정릉의 매화는 다시 명성을 이어 나가게 되었다. 이후의 정릉 매화에 대한 기록은 『정릉지』에 이어진다. 1866년 6월 15일 김낙현金洛鉉이 쓴 〈서김소정고매후기書金邵亭古梅後記〉에 따르면 사정은 이러하였다. 김낙현이 1864년 정릉참봉이 되어 재실에 와서 매화를 찾았더니 동쪽 담장 아래 매화 한 그루가 늙고 초췌하여 곧 말라 죽을 지경이었다. 이듬해 여름, 접을 붙여 잘 살리는 사람을 찾아 돌보게 하였더니 1년 후 싹이 나게 되었다고 하였다.

비슷한 시기 이유원李裕元도 『임하필기林下筆記』에서 「고승매高僧梅」라는 항목을 두어 이 매화에 대해 기록하였다. "정릉 재실 뜰에 소나무와 회나무 등 푸른 나무들이 빽빽한 가운데 매화나무가 있는데, 꽃이 아름답게 핀다. 이는 바로 서산대사西山大師 휴정休靜이 직접 심은 것이다. 정축년(1877년) 봄에 사람들이 모두 그것을 보았지만, 50년 사이의 영고榮枯는 모르겠다."라 하였다. 사명대사가 서산대사로 잘못 알려지게 되었지만, 그 매화가 적어도 1877년까지는 무사하였음을 알 수 있다. 그러나 1899년 12월 황규종黃圭琮이 남긴 이 매화에 대한 최후의 진술에 따르면 이해 정릉참봉이 된 황규종은 정릉 매화에 대한 칭찬을 듣고 잔뜩 기대하고 왔지만 정작 매화는 뿌리만 남아 있었다고 한다. 나라가 망해가는 터에 정릉의 매화를 누가 관리할 수 있었겠는가. 정릉의 매화는 이렇게 사라졌다.[1)]

이상에서 본 정릉 매화는 당시 "접을 붙인 것이 서울에 가득하였다"고 하였으나 실제로 남아 있는 것은 찾을 길이 없다. 정릉 매화는 도수매이면서 꽃이 크다는 기록으로 보아 내한성이 강하지는 못하였을 것으로 생각된다. 이러한 정릉 매화와 같은 품종으로는 전라남도 고흥군 소록도에 있는 것이 현존하는 고매로써는 유일하다. 내가 처음 이 매화를 알게 된 것은 2006년도 여름이었고, 이듬해 3월에 꽃이 피었을 때 상세한 생태조사를 하였다. 그 후 2009년도에는 우리나라에서 한국화가로서 매화를 가장 잘 그리는 홍익대학교 문봉선 교수와 함께 그곳에 가서 소록도 수양매를 그려와 내가 쓴 『매화를 찾아서』(이화문화출판사)에 게재하여 출판하였다.

정릉 매화가 사라진 지 100여 년이 지난 때에 정릉 매화와 같은 품종의 고매를 찾게 된 것은 행운이 아닐 수 없다.

2012년도 11월에는 문화재청에 천연기념물 지정 신청을 하기 위하여 소록도에 또다시 방문하였으나 지난여름 태풍 '볼라벤' 때문에 나무가 뿌리째 뽑혀 고사하여 잘라내고 없었다. 2007년도 봄에 갔을 때 접수를 가져다가 접목을 하여 후계목을 기르고 있지만 오래된 고매가 없어졌다는 것은 참으로 안타까운 일이 아닐 수 없다. 그럼에도 정릉 매화의 후계목이 있어 명맥을 이어갈 수 있다는 것은 다행스러운 일이라 생각한다.

---

1) 이종목, 「정릉 매화 300년의 역사」, 문헌과 해석 41호, pp211~224.

# 매화의 국제적 최고 권위자 첸진유陳俊愉 교수

중국 북경임업대학교 진준유(1917~2012) 교수는 일생을 화훼 특히 매화와 더불어 살아온 국제적인 매화의 최고 권위자이시다.

1999년 12월 어느 날 내가 북경임업대학에 있는 진 교수의 연구실을 방문했을 때 따뜻한 햇살이 쏟아져 들어오는 창가의 소파에 앉아 진 교수는 자신의 매화일생에 대한 이야기를 들려주었다.

진 교수는 1917년 텐진시天津市의 한 관료가정에서 당시 영어를 훌륭하게 구사하던 지식여성인 어머니에게서 태어났다. 증조부인 진효제는 청나라 말기 신강지역의 주요관직에 있었으나 진 교수가 5살 되던 해에 그가 타계한 후 조부인 진 형이 전 가족을 이끌고 남경으로 이주하여 그곳에 땅을 사고 집을 지어 정착했다. 그곳에는 제법 커다란 온실도 있어서 진 교수는 그때부터 화훼에 관심을 갖기 시작했다.

초등학교를 다닐 때에는 학교가 끝나면 곧바로 온실에 들어가 머물렀으며, 일 년 내 꽃에 둘러싸여 지내면서 꽃을 기르고 사랑하는 마음을 갖게 되었고, 자연과 더불어 사는 취미를 가지게 되었다고 한다.

중학교 졸업을 앞두고 그는 전문적인 원예수업을 받기를 원했고 이를 알게 된 개방적이었던 모친은 적극 지원에 나섰다. 그리하여 1935년 남경南京에 있는 금능金陵대학 원예과에 입학하게 되었다. 당시 동 대학은 사립학교로서 등록금이 100원이나 되었으며, 이는 한 달에 3원 하는 보모(가정부)의 월급에 비해 대단히 비싼 것이었다. 하는 수 없이 할아버지의 재정 지원을 받아 입학을 하고 보니 과 전체의 학생 수는 2명인데 교수는 5명이나 되었다. 그때에 화훼지도 교수가 해방 후 중국공정원 원사를 지낸 바 있는 왕국연汪菊淵(1913~1996) 교수였다.

그 후 진 교수는 왕 교수의 지도로 조교가 되었다. 당시 왕 교수는 매화에 관한 연구 실적이 뛰어났고 그러한 왕 교수의 도움으로 1947년 매화에 대한 첫 번째 연구서적인 『파산촉수매화巴山蜀水梅花』라는 저서를 남기게 되었다.

덴마크의 유학시절 진 교수는 유럽에 매화 전파를 위해 많은 연구를 했다.

1929년 국민정부(대만으로 간 장계석정부)는 매화를 국화로 제정하게 되었고 이에 가담했던 진 교수는 문화혁명을 당하여 온 집안이 쑥대밭이 되고 그 역시 육체적 노동과 숱한 고통을 당하면서 14년간을 지내야만 했다. 1977년 그는 마침내 복권이 되고 복직이 되었으며 가족 모두가 제자리로 돌아오게 된 것을 참으로 다행스럽게 여긴다.

진 교수는 『원림화훼』 『중국화경』 『중국매화』 등의 저서를 출판하여 국제화훼원예계에 커다란 영향을 끼치고 있으며 최근에는 10여 년간 준비와 20여 년의 집필에 의하여 출판한 『중국화훼품종분류학』이 북경임업대학원생들의 교재로 사용되고 있다.

내가 진 교수님 댁을 방문한 자리에서 친필로 싸인해주신 『중국매화中國梅花』, 『중국매화품종도지中國梅花品種圖誌』, 『매화만필梅花漫筆』, 『세계나매世界蜡梅』 등은 내가 매화를 연구하고 가꾸어 나가는 데 참으로 많은 도움을 얻게 된다.

그는 지금도 매화를 중국의 국화로 제정하기 위하여 많은 노력을 기울이고 있으며, 국화로 지정될 경우 중국 전역에서 재배되어야 하나 내한성이 약한 매화가 추운 지방에서는 생육이 불가능함을 알기에, 화북지역의 적봉, 포두와 동북지역의 장춘, 심양, 란주, 연안 등 6, 7개 지역에서 실험을 거쳐 내한성이 강한 품종을 만드는 데에만 2년의 시간이 걸렸다고 한다. 따라서 완전한 내한성 품종이 개발되면 북유럽과 북미지역에까지도 매화를 보급할 계획을 가지고 있다.

이야기를 마치려는 즈음에 진 교수의 사모님인 양내금楊乃琴 교수가 들어왔다. 양 교수는 진 교수의 제자였으며 지금은 같은 북경임업대학에 근무하면서 진 교수의 매화에 관한 자료를 정리해주는 조수이자 프로급의 사진촬영기술을 가지고 있다고 한다. 또한 외손녀도 북경임업대학 박사과정에서 공부하고 있어 온 집안이 화훼, 특히 매화에 관한 연구를 함께하는 집안이 되었다.

진 교수는 한국에 대하여 많은 관심을 가지고 있으며 특별히 부족한 나를 많이 사랑해 주었다.

2001년 무석에서 있었던 '제7회 국제매화학술회의' 때에는 각국의 많은 참석자들과 중국국내의 회의 참석자들이 진 교수를 만나려고 호텔 방문 앞에서 문전성시를 이루는 가운데서도 홀로 시간을 내시어 단체 만찬이 아닌 조용한 홀에 따로 만찬장을 마련한 다음 나를 불러 저녁을 나누면서 양국의 매화문화교류 방안과 매화의 품종조사를 비롯하여 매화에 관한 현안을 논의하는 등,

두 시간이 넘도록 많은 대화를 나누기도 했다.

2005년 2월 17일부터 4일 동안 호북성湖北省 무한武漢에서 있었던 '국제매화학술회의' 때에는 휠체어를 타시고 손수 나의 호텔 방을 찾아와 많은 이야기를 나누었으며 중국 최대의 매화 품종원인 '동호매원'의 책임자 장 보씨에게 이야기하여 그곳에서 화매 품종 가운데 높이 평가한다는 '태각台閣, 홍매, 백매'의 가지를 2개씩 얻어 주면서 "한국에 가져가 접목하여 길러 보라"고 하시기에 정성스럽게 보관하여 가져와 절접에 의한 번식을 하여 각각 10여 그루씩 기르고 있다.

2006년도에는 북경으로 와 달라는 편지가 왔기에 찾아가 뵈었더니 제29회 북경 올림픽을 2008년도에 개최함에 따라 북경의

▲ 취봉공원

동북쪽 근교 약 40여km 지점에 있는 '취봉공원鷲峰公園' 안에 '세계매화공원'을 조성하는데 그곳에 한국, 일본, 대만 등 각국의 지역을 정하여 나라마다 자랑할 만한 우수품종을 가져다 심도록 할 계획이므로, 설계가 완료된 공원지역을 직접 가보고 내년 봄부터 식재할 수 있도록 협조해 달라는 것이었다. 나는 우선 식물검역에 관한 문제를 검토한 후 추진을 서두르겠다고 약속하고는 귀국을 했다. 그런데 불행하게도 세계매화공원 조성문제는 중국정부 당국의 복잡한 사정 때문에 현재까지 지연이 되고 있는 상태다. 후에 북경임업대학원장 장계상 박사의 말에 의하면 중국의 국화를 매화로 제정하려는 진준유교수 측과 목단(모란)으로 제정하려는 반대 측의 입장이 팽팽히 맞서서 세계매화공원 조성사업에까지도 영향이 미치고 있다는 얘기다.

2007년도 봄에는 그토록 한국에 오고 싶어 하던 진 교수님 내외와 중국의 매화협회 임원 몇 분을 우리나라의 매화가 필 무렵인 3월 15일경 〈광양매화심포지엄〉을 개최하는 때에 맞추어 초청하려고 했더니 모두들 일정이 맞지를 않은데다가 진 교수는 이미 90세의 노령에 휠체어를 타고도 거동이 불편하여 해외여행이 불가능하다는 의료진의 권유가 있고 하여 어렵다는 연락이 왔다. 그러므로 일행들이 한국에 올 것에 대비하여 미리 예약해 두었던 서울에서 광양을 가기 위한 사천행 비행기 편과 광양에서 탐매 일정을 마치고 제주에 가서 중국의 강택민 주석과 후진타오 주석이 다녀간, 나의 친구 성범영원장이 운영하는 〈분재예술원〉 관광을 위한 제주행 비행기 편이며 각급 호텔 등의 예약을 취소하느라 한참 동안 부산을 떨기도 했다.

▲ 북경임업대학교 진 교수 연구실에서

그리고 그해 여름 북경에 가서 진 교수님을 만나게 되었다. 임업대학의 이경위李慶衛 교수가 밀고 나오는 휠체어를 타고 있는 진 교수님은 몹시 노쇠老衰한 모습이지만 목소리만은 여전히 우렁차고 힘이 있어 보였다. 나를 끌어안고 한참 동안 포옹을 해 주면서 반갑게 맞이해 주었다. 그 자리에서 진 교수님은 국제매화품종 등록위원회에 한국의 매화품종들을 등록할 것과 "한국에도 훌륭한 매화공원을 하나쯤 조성해 보도록 하라"는 이야기를 하였다. 나는 그렇게 하도록 해 보겠노라고 약속의 말씀을 드렸다.

사실 나는 그동안 한국의 매화품종에 대하여 근 10년에 걸쳐 조사해 온 것을 정리하여 우리나라에 분포되어 있는 194개 품종을 수록한 『매화보梅花譜』를 2009년 봄에 발간함으로서 1400년대 인

▲ 진준유 교수와의 작별인사

재 강희안이 양화소록에서 처음으로 매화품종에 대하여 언급한 이래 모처럼 한국의 매화품종을 조사 정리하게 되었다. 그러나 중국매화품종 등록은 조사항목이 다르기 때문에 194개 품종을 다시 찾아가 조사하는 데는 많은 인력과 시간이 필요할 뿐만 아니라 등록에 들어가는 재원도 만만치가 않아 아직 실현되지 않고 있으며, 매화공원조성에 관해서는 무엇보다도 다양한 품종을 관람할 수 있도록 하려고 우리 국내에 있는 우수품종 170여 종을 선발하여 번식작업을 하여 배양하고 있으며, 매화대목과 고매 등을 전국각지에서 수집하여 매화공원을 조성할 때에 공원 중심부에 식재하여 주요 감상 포인트로 삼도록 준비하였고, 매화공원 안에는 매화박물관을 두어 매화와 관련된 유물 즉 매화문양이 들어간 각종 도자기와 생활용품 및 문방사우를 비롯하여 매화도와 매화시를 쓴 서예작품들을 합하여 250여 점을 수집 보관하고 있으며. 또한 매화공원 안에 별도로 분매 감상원을 설치하기 위하여 많은 분매를 배양하고 있으며, 이 가운데는 일본이나 중국이 보유하고 있는 분매보다도 큰 동양 최대의 분매도 있다. 이 모든 것들은 앞으로 국가나 지방자치단체 가운데 관광자원으로서 매화공원조성사업을 희망하는 곳이 있으면 기꺼이 제공할 생각을 가지고 있다.

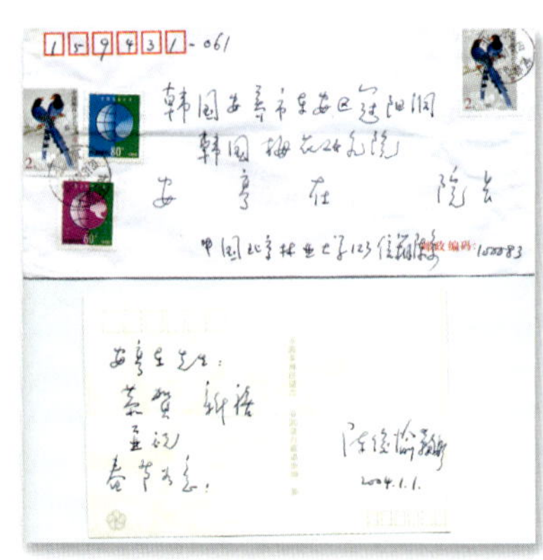

▲ 2004년도에 진 교수님이 보내주신 연하장

진 교수는 매화로 인연하여 나에게는 가장 존경하는 스승이요 인자하고 자애로우신 어른이다. 나는 지금이라도 달려가 진 교수가 매화 연구에 몰두하는 그의 서재인 '매국재梅菊齋'에서 따끈한 녹차를 마시면서 고목에서 꽃을 피우는 매화와 같이 몸은 비록 노쇠하더라도 매화에 대한 열정과 깊이 있는 연구 활동에서 풍기는 향기를 느끼고 싶다.

'하루 스승 백년 어버이(일일지사 백세지부一日之師 百歲之父)' 라는 말은 스승의 가르침이 얼마나 소중하고 영원한가를 일러준다. 스승과 제자의 인연이야말로 전세와 현세, 그리고 내세까지 이어지는 '사제삼세師弟三世' 라고 하니, 인연치고는 가장 끈질긴 인연이라 아니 할 수 없다. 학문에 국경이 없듯이 사제 간에도 국경이 따로 있을 수 없다고 생각하면서 평소 일러 주셨던 여러 가지 매화에 대한 가르침을 되뇌이면서 3000여 년 전부터 한, 중, 일 3국이 공유해 온 매화문화를 이 땅에 꽃피우고 계승해 나가는 일에 최선을 다해야겠다고 다짐해 본다.

# 아라뱃길 매화동산

2010년 12월 27일 오후 2시경 강원도 정선지방의 탐매여행을 하고 돌아오는 자동차 안에서 한 통의 전화를 받았다. 한국수자원공사 김건호 사장이었다. 전에 내무부장관과 건설부장관을 지냈던 이상희 장관의 소개로 전화를 하게 되었다고 했다. 이상희 장관은 후에 수자원공사 사장을 역임하기도 했었다. 내용인즉 "경인운하를 건설하는데 그 주변에 매화공원을 조성하려고 하니 협조해 달라"는 것이었다.

다음 날 수자원공사 차장과 기술본부장이 직접 찾아와 여러 가지 얘기를 나누었고, 2011년 1월 5일에는 아라뱃길 조성사업 가운데 조경분야 설계를 총괄 담당하는 안병철 차장의 안내로 경인운하 공사현장과 매화공원을 조성할 지역을 답사했다.

정진웅 건설단장의 현장설명을 자세히 듣고 나서 관계관들이 함께 모인 자리에서 매화공원 조성에 따른 여러 가지 이야기를 해

▲ 매화나무 꽃가지 아래로 보이는 아라뱃길

주었다.

우선 전통의 미를 살리되 퇴계 이황이 청정한 정신세계를 꿈꾸었던 도산의 절우단과 양산보의 담양 소쇄원의 매대, 그리고 정연방의 서석지 삼우단이 만들어졌던 조선시대 이후 처음으로 고매와 노매 등 세한삼우가 갖추어진 절우단을 만들되 단의 형태는 창덕궁의 화계와 같이 하는 것이 좋겠고, 중국의 송나라 때 절강성 서호에 은거하면서 매화를 처로 삼고 학을 아들로 삼았던 매처학자梅妻鶴子의 고사를 남겼고, 암향소영暗香疎影이라는 매화에 관한 세기의 절창을 읊었던 임포林逋가 거처했던 방학정이 뱃길을 바라볼 수 있도록 지어지고,(일본의 세계매화공원에는 임포가 살던 절강성 서호의 학이 날아오기를 바라는 「래학원來鶴苑」을 중국의 절강성에서 목공 장인 21명을 초치하여 중국식 전통 건물을 공원의 정

▲ 안형재 원장(좌), 수자원공사 김건호 사장(우)

상부위에 지었음) 원내園内에 조그마한 연못을 만들고 그 주변에 사간형의 매화나무를 심어 매화꽃이 피는 날 밤 달이 떠오르게 되면 매화꽃 가지가 달빛을 받아 수면 위에 그림자로 나타나는 '소형횡사수청천疎影橫斜 水淸淺' 이 연출될 수 있도록 할 것이며, 매원의 관람로를 따라 우리의 조상들이 읊었던 이름난 매화시를 대한민국 미술대전 서예부문 특선작가와 심사위원급의 해서, 행서, 초서, 예서 등 예술적인 필체로 매화시비를 설치하여 문학에 나타난 매화를 느끼게 하며, 매화나무를 심되 가급적이면 천연기념물로 지정된 매화와 호남 5매 및 산청 3매 등 명매들의 후계목을 심어 그 매화나무들에 얽힌(예; 퇴계와 기생 두향과 매화에 관한 이야기) 이야기들을 들려줌으로써 시각적인 매화 감상도 좋지만 가슴으로 매화를 더욱 사랑하게 하고, 매화원 주변은 한옥 형태의 담장을 조성하되 매화꽃담 문양을 설치하고, 각종 시설물에는 매화문양

을 새길 것과 그 밖에도 여러 가지 사안들에 대하여 많은 이야기를 해 주었다.

본격적으로 공사가 시작되면서 수자원공사의 요청에 의하여 공사현장을 여러 차례 방문하여 필요한 사항들을 현장 점검하고 추가할 부분을 일러 주기도 했다. 현장에서 시공 책임을 맡고 있는 수자원공사의 양덕성 부장의 열정적이고 세심하면서도 추진력이 강한 리더십으로 인하여 매원조성은 순조롭게 진행되었다.

2012년 4월 8일 드디어 매화동산 개원식이 열렸다.

개원식은 방학정을 본 따서 지은 정자의 현판식부터 시작되었다. 이 정자의 이름은 '꽃마루' 였다. 작명은 소설가 김훈이 했다. 김훈 작가의 말에 의하면 원래 이곳의 지명은 꽃 뫼였다고 한다. 그래서 옛 지명을 살려서 이름을 짓게 되었다고 했다.

나는 매화동산 개원식 사회자의 요청에 의하여 그곳에 참석한 수많은 관광객들과 수자원공사 김건호 사장, 한만희 건설교통부 차관, 아라뱃길 운영처장 등 내빈들 앞에서 꽃마루의 단에 올라 매화에 대한 이야기를 재미있게 풀어 나갔다. 매화가 어떤 꽃이고 매화동산 안에 있는 여러 가지 볼거리 등… 참석자들의 뜨거운 박수와 환성 속에 단을 내려왔다.

규모는 별로 크지 않지만 조금만 더 보완해 나가면 앞으로 수도권에서 수많은 애매가愛梅家들의 큰 사랑을 받을 수 있을 것이라고 생각한다.

# 『매화, 梅花, うめ』 발간

이어령 전 문화공보부장관에게서 만나자는 연락이 왔다. 장소는 '생각의 나무' 라는 출판사의 사장실이었다. 초대 문화공보부장관을 역임했던 분이고, 우리나라가 아끼는 지성이라는 것을 알고는 있었지만 실제로 만나보기는 처음이다. 첫인상은 매우 진지하고 깊은 뜻을 품고 있는 사람으로 느껴졌다.

그는 오른손에 내가 처음으로 쓴 『한국의 매화』라는 책을 들고 있었다. 의외였다. 그리고 하는 말이 "안원장이 쓴 책을 잘 읽었습니다. 사실은 '유한킴벌리(문국현)' 라는 회사에서 문화기금을 내어 놓았는데, 어떠한 사업에 쓸 것인가를 생각하다가 매, 란, 국, 죽과 12간지에 대하여 한, 중, 일 3개국의 문화코드를 찾는 일에 쓰기로 결정하였으며, 그 첫 번째로 매화에 대하여 책을 출간하려던 차에 안 원장이 쓴 『한국의 매화』에 좋은 내용이 많아 참고할 생각이며, 앞으로 필진으로 참여해 달라"는 내용이었다.

나는 쾌히 승낙을 하고 돌아와 편집국의 요청에 따라 원고 작성에 착수했다.

새로 출간하게 될 책의 내용 가운데 내가 집필한 책의 소제목들과 시작 페이지는 다음과 같다.

매화의 어원과 관련어 풀이(p17)
장생불사의 선약(p165)
옷 가득 향기 스미고 달그림자 몸에 닿네(p174)
높은 선비 섣달 매화를 아주 좋아해(p183)
찰미과 고매, 선암매, 가류바이(p217)
현존하는 야생매(p221)
한중일의 명매, 고매(부록)

▲ 한, 중, 일 매화상징 사전

이어령 박사를 책임편집인으로 한, 중, 일 3개국 21명의 학자들이 집필하여, 동북아시아 2000년의 문화적DNA를 해독하고 글로벌 문명을 향한 한, 중, 일 삼국의 문화콘텐츠를 발견하기 위한 노력은 아름다운 책으로 결실을 맺게 되었다.

이 책은 2005년도 독일 프랑크푸르트 도서전

▲ 귀빈으로 초청받은 안형재 원장 내외분

'한국의 아름다운도서전100에 선정' 되어 영문판으로 발간되었고 2006년 KBS1라디오 '설날 연휴특집 이주항의 문화포커스' 에서 3일간 연속 집중 방송되기도 했으며 KBS1TV 'TV책을 말한다' 에 소개되기도 했다.

2003년 11월 2일 남대문로에 있는 대한상공회의소 대회의실에서는 각계각층의 주요 인사들 약 300명이 참석한 가운데 MBC 이재용 아나운서의 사회로 출판기념회가 개최되었고 나는 필진의 한 사람으로 특별 초청되어 부부동반 참석하였다. 행사는 1부 기념식과 2부에서는 이어령 박사의 강연으로 진행되었다. 기념식에서는 전 국무총리 이홍구 씨가 축사를 하고 전교육부장관 윤형섭 박사가 격려사를 했으며, 시인 김남조 씨의 건배 제창으로 자연스럽게 오찬으로 이어졌다. 행사를 마친 필진들은 기념촬영 등으로 마무리했다.

매화와 관련하여 좋은 책을 발간할 수 있어서 참으로 뜻깊은 일이라 생각된다.

# 매화서옥梅花書屋

'매화서옥'은 중국 송나라 때 절강성 항주 서호의 고산에 들어가 20여 년간 초가집을 짓고 집주변에 매화를 삼백 육십 주를 심고, 학을 기르면서 살았던 '매처학자梅妻鶴子'(매화를 아내 삼고 학을 아들로 삼았음)의 고사를 남겼으며, "소영횡사 수청천疎影橫斜水淸淺 암향부동 월황혼暗香浮動 月黃昏"(성긴 그림자 맑고 얕은 물 위로 살짝 드리우고, 그윽한 매화향기 황혼 녘에 가득하네)이라는 매화에 관한 세기적 절창을 남긴 임포林逋(967~1028) 에 의해 나온 말이며, 〈매화서옥도〉는 이러한 임포의 고사를 그림으로 그린 것이다.

매화서옥도의 유래는 추사 김정희(1786~1856)가 1809년(조선 순조 9년) 10월, 동지겸사은사 부사였던 아버지 김노경金魯敬(1766~1840)을 따라 청나라 연경燕京에 갔을 때 50여 일간 머물면서 여러 사람의 문예인들과 사귀었으며, 특별히 담계覃溪 옹방강

翁方綱(당시 78세)과는 스물다섯 살 젊은 나이에 사제지간의 인연을 맺었으며 그 후 계속해서 서신을 통하여 학문적 교류를 지속하던 가운데 청나라 중기의 문인화가 장경(張庚, 1685~1760)의 〈소림모옥疏林茅屋(지본수묵, 25.4×18.0㎝)〉을 지극히 사랑하였고, 제주도에 유배된 지 5년이 지난 1844년(59세)에 그린 세한도는 우리나라 문인화의 최고로 꼽히는 것으로써 앞서 말한 장경의 소림모옥에서 영향을 받은 것이며, 추사의 〈매감도梅龕圖〉는 띠 풀로 엮은 감실 주위에 흰매화가 눈꽃처럼 만발해 있는 그림으로 19세기에 이르러 조선 화단에 유행했던 〈매화서옥도〉가 이러한 〈매감도〉나 〈소림모옥〉에서 연유되었다고 볼 수 있다.

〈매화서옥도〉는 그리는 사람에 따라 형식은 다소 차이가 있지만 대부분 깊은 산속에 있는 초옥에 선비가 방 안에서 책을 읽고 집 주변에는 매화가 가득 피어 있다는 공통점이 있다.

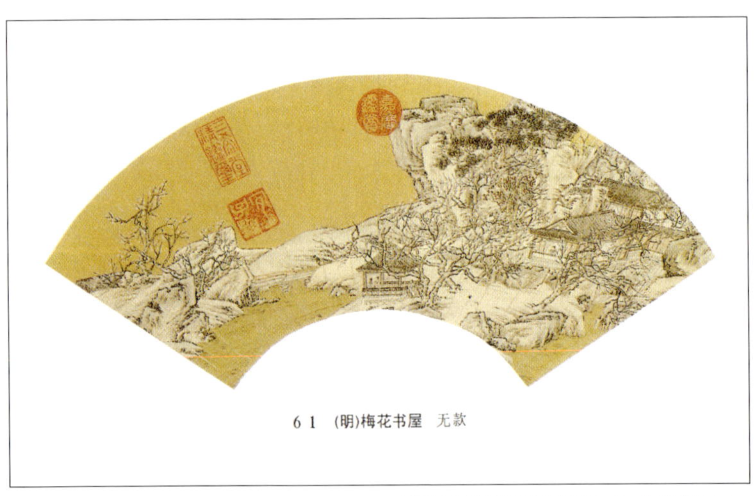
6 1 (明)梅花书屋 无款

▲ 中國歷代梅花寫意畫風(1995, 重實出版社)

'매화서옥도'는 중국의 경우 송宋나라 때 마원马远과 진여언陳汝言의 〈매화서옥도梅花书屋图〉를 비롯하여, 원나라 때 황진시黃晋是, 명나라 때 무관无款과 당인唐寅, 변문유卞文瑜, 심주沈周, 유진劉鎮과 청대 홍인弘仁, 조익趙翼, 무단武丹, 진홍수陳洪綬 등의 〈매화서옥도梅花书屋图〉가 전해지고 있으며, 일본은 다노무라치쿠덴田能村竹田(1777~1835)을 비롯하여 소우야마규구시우桑山玉洲(1775), 다가구아이가이高久靄厓(1834), 나카바야시 지케이中林竹溪(1816~1867)의 〈매화서옥도〉가 있다.

우리나라는 우봉又峰 조희룡趙熙龍(1797~1859)의 〈매화서옥도〉

▲ 전기, 〈매화초옥도〉, 국립중앙박물관 소장

외에 고람古藍 전기田琦(1825~1854)의 〈매화초옥도〉 북산北山 김수철金秀哲(?~?)의 〈계산적적도溪山寂寂圖〉, 운초雲樵 박기준朴基駿(?~?)의 〈매화서옥도〉 심전心田 안중식安中植(1861~1919)의 〈매화서옥도〉가 있다.

▲ 日本, 高久靄厓(1834), 〈매화서옥도〉

오늘날 임포가 살았던 절강성 서호의 고산에는 새롭게 방학정放學亭이 들어서 있고, 방학정 옆의 연못에는 놋쇠로 만든 두 마리의 학이 임포가 기르던 학을 상징적으로 세워 놓았으며, 방학정 왼쪽으로 너른 터에는 서호자매西湖紫梅라고 하는 홍매와 녹악백매가 많이 심겨져 있다. 한편 방학정 뒤편에 있는 임포의 묘소에도 뒤편 담장 둘레에 홍매가 줄지어 심겨져 있어 생전에 매화를 사랑했던 임포의 삶을 되돌아보게 한다.

매화가 만발한 매 숲속에 집을 짓고 찾아오는 벗을 맞이하여 시를 읊고, 차를 마시며 조용히 서재에 앉아 글을 읽는 선경과도 같은 선비의 삶은 수많은 문인과 선비들의 바람이었다.

임포와 같이 매화서옥의 삶을 갈망하고 실천했던 사람으로는 이조 때 관직에서 물러나 안동 도산에 은거하면서 임포의 삶을 지향했던 퇴계退溪 이황李滉(1501~1570)이 절우단을 만들고 매화 백 그

▲ 임포가 살았던 곳에 세워진 방학정과 필자

루를 심어 청정한 세계를 꿈꾸었던 것과, 퇴계의 문인으로 창녕현감을 지냈던 한강寒岡 정구鄭逑(1543~1620)가 백매헌百梅軒을 세우고 주변에 매화 백 그루를 심고 가꾸었던 것을 알 수 있으며, 매화서옥은 아니지만 매화를 좋아하여 이조시대에 매화감실梅花龕室을 만들어 놓고 분매를 기르는 것이 장안에서 유행했던 때가 있었다.

추사秋史 김정희金正喜(1786~1856)는 선대로부터 이어져 내려오던 별장 터인 경성방송국 자리에 〈홍원매실紅園梅室〉이라는 좋은 온실을 갖추어 놓고 매화를 길렀고, 대원군(흥선군 하응興宣君昰應)(1820~1898)은 운현궁雲峴宮(지금의 종로 경운동 덕성여자대학 건물)에 매화온실을 따로 마련하여 매화를 배양했다.

오늘날에는 애매가들이 점차 늘어나 집 주변에 매화를 심고 가꾸는 사람들이 있는가 하면 마을 전체가 진입로나 소공원, 또는 아파트단지에 매화를 심는 사례가 늘어나고 있다. 매실 열매를 수확하기 위하여 수십만 평 또는 몇 만 평씩 매원을 조성하여 매화가 필 무렵이면 몰려드는 상춘객을 맞이하는 해남의 보해매원과 광양의 매화마을 등이 있다. 다만 매화만을 감상하기 위하여 전문 매원으로 조성된 곳은 경인운하京仁運河(아라뱃길) 주변에 최근 조성된 '매화동산'이 유일하다.

이러한 전문적인 매화공원은 앞으로도 많이 조성되어야 할 것으로 생각한다. 중국이나 일본에는 수백 종의 매화품종을 심고 여러 가지 매화의 고전과 관계된 시설들을 갖추고 있는 매화공원이 많이 있다. 중국의 경우 광동성 광주에 있는 '류계하국가삼림공원流溪河國家森林公園' 안에 있는 매원을 비롯하여, 강소성 '무석매원', 매화세계라고 불리는 남경의 '매화산', 곤명의 흑룡담 공원 안에 있는 '흑룡매원', 무한의 '동호매원'과 청도의 '청도매원' 등이 있고, 일본에는 효고현兵庫縣에 있는 '세계매화공원'을 비롯하여 '오사카매림'과 이바라끼현의 '가이라쿠엔皆樂園' 등 수많은 매원이 있다.

나는 본성이 매화를 좋아하여 40여 년 동안 매화와 더불어 살아오고 있다. 내가 매화를 기르는 곳은 지하철 4호선 인덕원역 1번 출구에서 약 100여m 지점에 있다. 약 900여 평의 부지에 진입로와 주차장을 제외하고는 모두 나무를 심었다. 부지의 가장자리에는 주로 은행나무와 소나무, 백송, 청단풍, 회화나무, 향나무, 당단풍나무, 감나무 등을 심고 중심부에는 전국에서 하나둘씩 수집한 오래된 매화나무를 심었으며 매화온실 200평에는 분매 360점을 기르고 있다.

이곳 농장의 가장자리에는 이미 28년 전에 크게 자란 나무들을 옮겨 심었기 때문에 지금은 은행나무의 굵기가 아름드리가 되었고 나무 높이가 20m가량이나 되어서 일대가 하나의 숲을 이루고 있다.

더욱이 도심 속에 있기 때문에 여름철에는 인근의 빌딩에 근무하는 많은 사람들이 휴식을 취하러 오고 밤이면 아베크족들이 찾아온다.

숲이 우거지다보니 여러 종류의 새들이 많이 모여 든다. 까치, 산비들기, 꾀꼬리, 꿩, 그리고 갖가지 어린 새들과 텃새들이 수백마리씩 날아들어 언제나 아름다운 목소리로 즐겁게 노래들을 한다. 동물 가운데는 최근에 고라니가 청계산으로부터 과천의 야산을 타고 밤에 내려온 것인지 빈터에 심어놓은 야채(상추)를 모두 뜯어먹고 아침까지 어슬렁거리는 것을 숲을 향해 되돌려 보낸 것 외에는 들고양이가 있다. 나와는 언제나 일정한 거리를 두고 마주치지만 먹을 것을 주면 좋아라고 킁킁대며 어느새 다 먹어 치우는 놈은 온몸이 까맣고 배 부분만 하얀색이다. 봄철에 은행나무 꼭대기에 까치가 집을 짓고 새끼를 부화해서 일정기간 먹이를 물어와 먹이다 보면 새끼들은 훌쩍 자라서 날갯짓을 시작하고 그 날갯짓이 서툴러 땅에 떨어지면 냉큼 고양이가 덮쳐 버리는 안타까운 일도 벌어진다.

나는 여름이면 이곳 숲속에서 혼자서 완전한 자유인이 된다. 더위가 심할 때엔 우람한 은행나무에 해먹(hammock)을 걸어 놓고 독서 삼매경에 빠지고, 운동시간이 되면 숲속을 반복해서 걷는 것으로 하루 운동량을 채운다.

봄이 오면 전국에서 애써 모아 심어놓은 고매들이 매화 천지를 이루고 은은히 풍기는 매향을 쫓아 찾아드는 탐매객도 많다. 매화나무 주변에는 대나무가 군데군데 자라서 소나무와 함께 절우단을 이루고 있다. 온실 안의 작은 연못에는 연꽃이 넉넉한 자태를 뽐내며, 가평에서 지인이 보내 준 산국山菊은 가을이면 노란색의 작은 꽃을 피워 진한 국향을 풍긴다.

내가 기르는 매화나무는 약 170여 종류에 약 5,000여 주를 다른 곳(음성)에서 배양하고 있으며, 그곳에는 전국에서 수집한 고매들도 100여 주 가까이 있다. 이곳 인덕원 매원에는 춘천에서 구해 온 400년생 분홍매와 전남 보성에서 옮겨 온 300년생 야생매, 담양에서 온 고매 등을 비롯하여 아름드리 고매가 약 30주가량 있고 온실에는 분매가 약 360점이 있다. 나는 이것들과 함께 쉴 새 없이 바쁘게 삶의 불꽃을 활활 지펴간다. 그리고는 시간이 나는 대로 온실 한쪽에 열 평가량 되는 공간에서 글을 쓰고 시를 쓴다. 이 방의 벽에는 한국화가인 나의 친구 송재松齋 우동호禹東鎬 선생이 그려준 '매화도' 액자와 시골의 골동품 가게에서 구한 향나무 목판에 홍매와 백매를 그려 조각한 아름다운 '매화판화'가 걸려 있으며, 또 다른 바깥벽에는 서예가였던 故 화규和珪 차성규車聖圭 선생이 느티나무 괴목 판재에 글씨를 쓰고 조각을 한 이조 때 영의정을 지냈던 상촌象村 신흠申欽(1566~1628) 선생의 시 가운데 '동천년노항장곡桐千年老恒藏曲 매일생한불매향梅一生寒不梅香(오동은 천년 늙어도 가락을 간직하고 매화는 일생 추워도 향기를 팔지 않는다)'라는 한글 구절을 걸어 놓고 항시 암송을 한다.

나는 이곳을 나의 매화옥梅花屋이라고 부른다.

이곳에서 글을 쓰면서 이조시대 강희안 선생이 쓴 「양화소록」에서 우리나라의 매화품종이 10종류가 있다고 기록한 이래, 처음으로 국내에 분포하는 194개의 매화 품종을 조사하여 『매화보』를

발간했으며, 우리나라에서 생육하고 있는 고매와 명매 등을 조사하여 85주에 대한 소중한 문화재적 가치가 있는 매화나무에 대한 자료를 모은 『매화를 찾아서』라는 단행본을 출간하기도 했다. 또한 국내 굴지의 제지회사인 '유한킴벌리(문국병)'가 문화발전기금을 출연한 것으로 전 문화공보부장관을 지낸 이어령 박사가 책임 편집을 맡아 한, 중, 일 3개국의 문화코드찾기 사업으로 추진한 『매화, 梅花, うめ』의 출판을 위해 한, 중, 일의 매화 관련 21명의 학자가 참여하여 집필하는 데 있어서, 필진의 한 사람으로 참여하였으며, 북경임업대학의 학보에 3편의 매화 관련 논문을 제출하여 게재하기도 했다. 매화에 관한 시는 140여 수를 썼으나 200수를 목표로 계속 쓰고 있으며, 다산茶山 정약용丁若鏞(1762~1836)이 '노인의 한 가지 즐거운 일老人一快事'라는 글에 "늙은 사람 한 가지 즐거운 것은 붓 가는 대로 미친 말을 써 버리는 일, 어려운 운자韻字에 신경 안 쓰고 고치고 다듬느라 늙지도 않네"를 혼자서 중얼거리곤 한다.

온실에는 분매들이 빠르면 12월 중순경에 꽃을 피우는 것도 있고 대부분 2월 초순부터 3월 중, 하순경까지 개화한다. 이때쯤이면 중앙(중앙일보)이나 지방지(경인일보) 또는 KBS1TV(저녁 9시 뉴스)나 YTN TV에서 매화꽃을 찍어다가 신문의 일면이나 TV의 메인 화면에 게재 또는 방송하여 자기네 독자와 시청자들에게 제일 먼저 봄을 알리는 경쟁을 하기도 한다. 또 매화 사진을 좋아해서 매화꽃이 필 때면 잊지 않고 찾아와서 열심히 작품 활동을 하는 몇 사람의 유명 사진작가와 묵매를 직접 그리는 문인화가들의 경우에는 부득이 온실을 개방하여 협조하기도 한다.

매원에 있으면 하루가 다 가도록 찾아오는 사람이 없기 때문에 혼자서 지내면서 되도록 매화나무와 분매들을 다듬고 가꾸는 일에 힘쓴다.

겨울철 따뜻한 온실에서 은은한 매화향내를 맡으며 매화를 감상하는 일은 매화를 기르는 사람으로서는 그 무엇과도 바꿀 수 없는 소중하고 큰 복이 아닐 수 없다.

옛날에 한 선비가 신선에게 소원을 빌었는데 내용인즉 "저의 소원은 작은 것입니다. 의식이나 조금 넉넉하여 산수를 즐기며 유유자적하다 죽을 수 있다면 족하겠습니다."였다. 그런데 신선은 껄껄 웃으며 대답했다. "이는 하늘나라 신선들이나 즐길 수 있는 낙인데 어찌 쉽게 얻을 수 있겠는가. 차라리 부귀를 구한다면 얻을 수 있으리라."라고 했다.

나는 부귀를 구할 생각도 없다. 이제 고희가 넘었으니 다만 매화서옥이 아닌 매화온실에서 매화와 함께 살아갈 수만 있다면 그것으로 족할 뿐이다.

# 세계에서 제일 큰 야생매野生梅

2003년도의 봄철이 끝나 가던 어느 날 순천의 월등지역에서 탐매를 하던 중 그 고장에서 매화농사를 지으며 우리나라에서는 처음으로 매실장아찌(우메보시) 공장을 운영하는 권종익 씨와 오랜만에 만나서 매화에 관한 얘기를 나누던 가운데 "지리산(화엄사 뒤쪽)에 야생매가 있다는 얘기를 들었다"는 말을 듣고 나서 그날 밤 구례읍내에 숙박을 정해 놓고 나는 거의 뜬눈으로 밤을 지새우다시피 했다. 이튿날 날이 밝기가 무섭게 현장으로 달려갔다. 딱히 어디라고 정해진 지점도 없이 무작정 화엄사 뒤편 산자락으로 향해 갔다. 잡목과 산대가 어우러져 우거진 숲속에서 바라다 보이는 노고단 봉우리는 아직도 하얀 눈을 머리에 이고 있는 모습이 흰머리 독수리 같았다. 한양에 있는 김서방을 찾는 격으로 활잡목이 우거진 산속에서 야생매화를 찾겠다는 무모하리만치 어리석은 자신의 행동이 오직 찾아야 한다는 간절함 때문에 별로 실망스럽지만은 않았다.

그래도 무거운 카메라 가방이며 삼각대를 짊어지고 돌밭길이 사나운 곳을 이리저리 헤매다가 푸드득 공중으로 날아오르는 장기를 만날 때면 머리털이 쭈뼛 솟아오르기도 하고 돌부리에 걸려 넘어지면서 정강이가 까져 쓰라림을 느낄 때도 있었지만 찾으려는 매화는 나타나지를 않았다.

그 야생매를 찾지 못했다고 누구에게 추궁당할 일도, 원망을 들을 일도 없기에 이쯤에서 포기하고 돌아가고 싶은 생각이 없지 않았지만 "아니야 분명 찾을 수 있을거야"라는 한낱 희망의 끈을 놓지 않고 찾아다니다 보니, 온몸은 천근만근이고 목은 말랐다.

편편한 바위 위에 걸터앉아 잠시 휴식을 취하고 있는데 난데없이 나타난 여자 보살 한 분을 만나게 되었다. 한적한 산속에서 사람을 만나니 어찌나 반가운지 절로 인사가 나왔다.

"안녕하세요? 혹시 이 주변에서 매화나무를 보신 적 있나요?"

"금메 매환지 살군지는 모르겄재마는 이리 조깐 따라와 보드라고요."

화엄사에서 노고단 쪽에 있는 암자에 다녀오는 보살님의 안내로 찾아간 곳에는 아름드리 줄기에 세로로 동공이 뚫린 고목 매화 한 그루가 서 있었다.

숨을 죽인 채 찬찬히 살펴보니 실생의 야생매가 확실했다. 나는 정신을 잃고 한참을 바라보다 말고 기쁨과 감격과 보람에 젖어 엉엉 울어버리고 말았다.

얼마 동안을 멍하니 주저앉아 있다가 마음을 가다듬고 자세히 살펴본 결과, 거기에는 전부 네 그루의 야생매가 있었으나 세 그루는 오래전에 고사하고 한 그루만 살아남아 있는 것이다. 죽은 세 그루의 그루터기며 잔해가 여기저기 나뒹굴고 있는 것을 그중 하나를 골라 가져왔다. 매화박물관을 건립할 경우 전시품으로 쓰기 위해서다.

지리산 야생매 ▶

살아 있는 야생매는 높이가 4~5m가량 되는 산대가 우거진 사이에 비집고 서 있었다. 45도가량 가파르게 기울어진 언덕에 서 있는 관계로 나무를 함부로 둘러볼 수가 없는 형편이다. 카메라를 들이대고 사진을 촬영할 수도 없다. 하는 수 없어 100여m 떨어진 곳에서 잡목들 위로 보이는 부분을 망원렌즈로 찍는 수밖에 없었다.

'우리나라에 이토록 오래된 야생매가 있다니!'

나는 대단한 보물이라도 찾은 것처럼 가슴이 벅차고 뿌듯한 기분을 말로 표현할 수가 없었다. 나무의 생태와 형상 등을 꼼꼼히 조사하고 나서 몇 번이고 어루만지고 살펴본 뒤 하산을 했다.

▲ 지리산 야생매(사진제공 : 박영길) 천연기념물로 지정된 후 주변 산대나무를 정리하고 펜스를 친 다음 안내 간판도 세웠다.

그리고 이듬해에도 그 다음 해에도 해마다 꽃이 필 무렵이면 어김없이 매화를 보러 찾아갔다. 2007년도에는 내가 매화를 찾아 나서는데 MBC(심야스페셜제작팀)에서 동행 취재를 하여 이틀간 텔레비전 방송을 하기도 했고, 2008년도에는 우리나라에서 묵매화가로 이름난 홍익대학교 문봉선 교수와 함께 찾아가 야생매화를 화폭에 담아와 내가 쓴 『매화를 찾아서』라는 책에 싣기도 했다.

2006년도에는 북경임업대학교 대학원장이던 장계상張啓床 박사가 '한국의 매화'에 대한 특강을 해 달라는 요청이 있기에 북경임업대학 대학원생 약 150여 명을 대상으로 강의를 해 주었다. 강의를 마치고 나서 학생들의 질문과 이에 답하는 가운데 지리산 야생매에

▲ 활잡목 속에 있는 지리산 야매(멀리서 망원렌즈로 촬영)

대한 이야기를 해 주었더니 모두들 놀라는 표정이었다. 그 자리에서 장 박사는 한국에 가면 지리산 야생매를 꼭 보게 해 달라는 요청을 했다. 장 박사는 나와 함께 중국의 야생매가 분포되어 있는 곤명지역과 귀주지역에서 중국의 야생매를 공동 탐사한 일이 있었고 그 때에도 우리의 야생매보다 더 오래된 것은 발견하지 못했었다.

지리산 야생매는 실생 백매화로써 수고는 약 10m쯤 되고 수관폭은 8m가량 되며 근원직경은 92㎝나 된다. 수령은 약 350년생이다. 수피는 거친 편이고 줄기의 지상 60㎝의 부위에 길이로 동공이 약 1m가량 나 있다. 꽃잎은 다섯 개이고 백색이며 향이 짙은 편이다.

나는 2007년도에 문화재청에 건의하여 천연기념물 제485호로 지정하게 되었기 때문에 앞으로 잘 관리보전 되어 우리의 후손들에게 소중한 문화재로 오래도록 전해지기를 바라는 마음 간절하다.

# 매인생 梅人生

벽癖이 없는 사람은 버림받은 자이다. 벽癖이란 글자는 질병과 치우침으로 구성되어 편벽된 병을 앓는다는 의미가 된다. 벽이 편벽된 병을 의미하지만 고독하게 새로운 세계를 개척하고, 전문적 기예를 익히는 자는 오직 벽을 가진 사람만이 가능하다.

김 군은 늘 화원으로 날래게 달려가서 꽃을 주시한 채 하루 종일 한 번 꿈쩍하지 않는다. 꽃 아래 자리를 마련하여 누운 채 꼼짝도 않고 손님이 와도 말 한 마디 건네지 않는다. 그런 김 군을 보고 미친 놈 아니면 멍청이라고 생각하여 손가락질하고 비웃는 자 한둘이 아니다. 그러나 그를 비웃는 웃음소리는 공허한 메아리만 남긴 채 생기가 싹 가시게 되리라.

김 군은 만물을 스승으로 삼고 있다. 김 군의 기예는 천고千古의 누구와 비교해도 훌륭하다. 〈백화보〉를 그린 그는 '꽃의 역사' 에 공헌한 공신의 하나로 기록될 것이며, '향기의 나라' 에서 제사를 올리는 위인의 하나가 될 것이다. 벽의 공훈이 참으로 거짓이 아니다.

아아! 벌벌 떨고 게으름이나 피우면서 천하의 대사를 그르치는 위인들은 편벽된 병이 없음을 뻐기고 있다. 그런 자들이 이 그림을 본다면 깜짝 놀랄 것이다.

– 을사년(1785년) 한여름에 초비당苕翡堂 주인이 글을 쓴다.

百花譜序

人無癖焉 棄人也已 夫癖之爲字 從疾從癖 病之偏也 雖然具獨往之神 習專門之藝者 往往惟癖者能之 方金君之徑造花園也 目注於花 終日不瞬 兀兀乎寢臥其下 客主不交一語 觀之者必以爲非狂則癡 嗤點笑罵之不休矣 然而笑之者 笑聲未絶 而生意已盡 金君則心師萬物 技足千古 所畵百花譜 足以冊勳甁史 配食香國 癖之功 信不誣矣 嗚呼 彼伈伈泄泄誤天下大事自以爲無病之偏者 觀此帖 可以驚矣

– 乙巳中夏 苕翡堂主 撰

평범하고 상식적인 세계에 안주하며, 틀에 맞추어진 규격품 같은 사고를 하는 인간을 혐오한 작가의 관점이 분명하게 제시된 소품이다. 명말明末의 대표적인 소품가 장대張岱는 다섯이인의 전기 「오이인전五異人傳」에서 이렇게 말한다. "벽이 없는 사람과는 사귀지 말라. 깊은 정이 없기 때문이다. 흠이 없는 사람과는 사귀지 말라. 진실한 기운이 없기 때문이다. 인무벽불가여교人無癖不可與交, 이기무심정야以其無深情也. 인무비불가여교人無疵不可與交, 이기무진기야以其無眞氣也." 이 독특한 병은 개성을 창출하기 위한 기본적인 전제다. 굳이 말하자면 매니아mania라고 할 수 있다. 그러한 의식은 이덕무의 글에서도 기이하고 빼어난 기상의 중시로 나타난다. "기이하고 빼어난 기상이 없으면 어떠한 사물이든지 모두 속됨에 빠진다. 산이 이 기운이 없으면 부서진 기와 조각이요, 물이 이 기운이 없으면 썩은 오줌이요, 학자가 이 기운이 없으면 묶어 놓은 꼴이요, 방외인方外人이 이 기운이 없으면 뭉쳐 놓은 진흙덩이요, 무인이 이 기운이 없으면 밥 보따리요, 문인이 이 기운이 없으면 때 주머니에 불과하다."[1)]

내가 매화를 알게 되고, 매화를 사랑하며, 매화를 찾아다니게 된 것도 어언 40여 년이 되었다. 그동안 참으로 매화만을 위해 살아온 듯싶다. 70년대 초반 지금은 신도시지역이 되어 버린 고양시 화정동에서 농장을 하시던 故 여대기余大基 선생님(1987년 작고)을 만나게 된 것이 내가 매화를 본격적으로 시작하게 된 계기라고 할 수 있다.

"매화는 봄철에 새싹이 나기 시작카믄 두 잎씩만 냉기고 오월

1) 박제가, 『궁핍한 날의 벗』, 안대회 옮김, 태학사(2000년).

중순까지 계속 잘라줘야 한데이"라고 일러 주시던 그 말씀을 지금도 잊지 않고 있다.

여 선생님은 일찍이 진주농업학교를 졸업하시고 오랫동안 교직에 있다가 뜻한 바가 있어 당시의 원당에 농장을 꾸미시고 당신이 좋아하는 여러 수목의 품종들을 기르고 번식하면서 여생을 즐기셨고, 특별히 국제수목학회가 '세계의 아름다운 수목원' (세계 12번째, 아시아 최초)으로 지정한 천리포수목원의 밀러(Carl Ferris Miller(한국명: 민병갈) 씨와 우리나라 식물분류학계의 태두이며 식물학의 교과서라고 할 수 있는 『대한식물도감』의 저자인 서울농대 故 이창복 교수님과의 교류가 많았었다. 시간이 날 때마다 집으로 찾아가면 온갖 전문서적을 꺼내 놓고 시간 가는 줄 모르고 가르쳐주시던 참으로 고마우신 스승이었다.

그 후 내가 사단법인 한국분재협회 부회장으로 일할 때에는 동 협회에 고문으로 추대되어 활동하셨으며, 전국의 분재협회 회원들에게 특별한 강의를 열정적으로 해 주시기도 했다.

천리포수목원 민병갈 선생은 1945년 9월 8일 25세의 나이로 연합군의 중위로 한국에 왔다가 제대 후 우리나라의 정책고문관으로 이 땅에 머물면서 1962년 천리포에 처음 2,000평의 땅을 구입하여 시작한 것이, 1972년에는 총 면적 180,000평에 9,730여 종의 수목이 있는 세계적인 수목원으로 가꾸어 재단법인으로 발족하였다. 특별히 이곳에는 413종의 목련과 350여 종의 호랑가시가 있어 관련 국제학회가 개최되기도 했다.

70년대 중반 필자가 처음 천리포수목원을 방문했을 때, 수목원 여기저기 나무들을 잎말이 나방과 쐐기나방의 애벌레 등이 잎사귀를 갉아 먹고 있는데도 농약을 살포하여 구제하지 않고 있어서

"왜"냐고 물었더니 "벌레가 있으면 새 떼들이 모여들어서 천적에 의한 구제가 이루어지고, 새 떼가 모여들면 뱀이며 들고양이, 족제비 등의 동물이 모여들어서 먹이사슬이 연결되어 자연의 조화를 이루어 갈 것이라고 했다."

그러므로 그의 지론이었던 "벌레조차도 생명이 있는 것은 다 어우러져 살도록" 배려하고 있었기에, 진정으로 자연을 사랑하는 모습을 발견할 수가 있었다.

그렇기에 천리포수목원이 2000년도에는 '세계에서 가장 아름다운 수목원'으로 지정되었고 임업인으로는 처음으로 '금탑산업훈장'을 받기도 했다.

그는 식물학을 전공한 것도 아니면서 식물학자 이상의 지식을 갖추고 있었으며, 수목원의 운영비 마련을 위하여 80세까지도 증권회사 고문으로 일을 할 만큼 수목원을 사랑했다. 암으로 세브란스병원에서 투병중인 때에는 "내가 죽더라도 천리포수목원은 몇백 년을 더 살아서 마지막 한국에 바친 선물로 남기를" 유언하기도 했다.

한편 이창복 교수님은 『한국의 식물도감』을 펴내신 우리나라식물학회의 거두이시며 수많은 후학을 길러내신 분이시다.

관악산에 처음 서울농대 수목원을 만들고 많은 수종을 옮겨 심을 즈음에 여대기 선생님의 소개로 관찰의 기회를 얻기도 했었다.

그 후부터 매화를 찾아서 전국의 방방곡곡을 헤맨 것만도 10여년, 험준한 산길, 골목길이며 비포장도로를 달리기 위해 디젤 사륜구동차로 달린 거리가 103,000㎞, 서울에서 부산까지 왕복 약 112회가 되었다. 고매나 명매 한 그루를 발견하기도 그리 쉬운 일은 아니지만 찾아낸 다음에도 사계절의 생태와 꽃 피는 모습 열매

맺은 상태를 관찰하는 등 적게는 서너 차례 많게는 대여섯 차례씩 찾아가게 된다. 찾아간 매화나무에 대하여는 '국제 매화품종등록 위원회' 에서 권장하는 조사표에 의하여 기본적으로 수고樹高와 수관폭樹冠幅을 측정하고, 근원직경根元直徑을 잰다, 줄기의 뻗음 상태, 토양과 지역 여건 기상 조건 등, 생육환경과 병해충의 감염상태와 수세樹勢를 파악하고, 줄기와 가지의 생김새, 가시의 유무 꽃가지와 결과지結果枝의 형태 잎의 모양, 꽃의 색깔 형태 홑, 겹 여부와 크기는 물론 암술수와 수술 수, 꽃받침의 생김새와 색깔, 꽃자루의 길이, 열매의 생김새와 크기 무게 색깔 및 핵과의 크기 형태 주름모양, 과육의 육질과 단맛과 신맛 당도까지도 알아본다.

단순히 매화나무만을 찾는 것이 아니라, 우리의 선조들이 즐겼던 매화와 관련된 발자취를 찾아서 그 정취와 풍류를 느껴본다. 절우단을 만들어 백 그루의 매화를 심고 청정한 세계를 꿈꾸면서, 유독 매화를 혹애酷愛하였고 백 여 편의 매화를 소재로 한 자작시를 지었으며 좌절하던 아침까지도 "매화분에 물을 주라"고 하여 매화 사랑에 대한 극치를 보였던 '참으로 매화를 아는 사람' (진지매화眞知梅花)으로 자처했던 퇴계 이황이 안동 도산서원을 배회하면서 매화가 피는 달밤이면 한기를 느껴서 스스로 고안해낸 도자기 의자에 숯불을 넣고 매화나무 아래 앉아서 밤이 이슥해지도록 떠날 줄을 몰랐던 그 상황을 상상 속에 그려보기도 하고, 산천재의 툇마루에 앉아서 멀리 지리산 천황봉에 하얗게 눈이 덮이고 눈발이 휘날리는 가운데 살포시 꽃망울을 터뜨린 애틋한 백매의 암향暗香을 느끼면서 시상을 떠올렸던 남명南冥 조식曺植 선생의 산천재山天齋에서 아득한 옛 정취를 느껴 보기도 하고, 원정공元正公 하즙河楫의 분양고가汾陽古家에 있는 분양매汾陽梅의 명주실 타레처럼 뒤틀려 올라간 기이한 줄기를 쳐다보면서 자연이 연출하는 아름다움에 경의를 나타내기도 했다.

이러한 탐매 외에도 옛 선인들의 매화에 대한 기록을 찾는 것은 더욱 많은 시간과 인내력을 요구했다. 근래에 출간된 매화에 대한 기록이 없기 때문에 서초동에 있는 국립중앙도서관에서 고전을 찾아 필요한 자료를 얻는 것이 매우 힘이 들었다.

그 결과 처음으로 매화에 대한 여러 가지 자료를 정리한 『한국의 매화』, 그리고 조선시대 인재 강희안이 펴낸 『양화소록』에서 밝힌 열 가지의 매화품종에 대한 기록이 있은 후 처음으로 우리 국내에서 생육하고 있는 194종의 매화의 품종을 조사하여 정리한 『매화보梅花譜』와 우리나라 전국에 걸쳐 생육하고 있는 고매와 명매 85주를 최초로 조사 기록한 『매화를 찾아서』, 매화에 관한 모든 것을 찾아볼 수 있는 『매화백과』, 매화를 소재로 쓴 자작시 145수를 묶은 『내 마음에 매화를 심고』와 『매화동산에 올라서』, 매화와 관련된 여러 이야기를 모아놓은 『매화만필』, 분매를 기르는 요령을 기록한 『한국의 분매』를 출간하기도 했다. 또한 아라뱃길 주변에 수자원공사에서 매화공원을 조성하는 데 자문 역할을 하여 예쁜 매화동산을 꾸며 놓았고, 전라남도 광양시 매화마을을 관광자원으로 재탄생시킨 '광양매화마을 관광자원화 사업' 에 대한 자문위원으로 위촉되어 약 5년 동안 활동하였으며, 경상북도 영주시 선비마을 주변에는 우리나라 최초로 매화 품종원과 분매온실, 매화문화관, 절우단, 매화서옥, 수양매원, 매영지, 매화시비단을 갖춘 매화원을 조성하였다.

매화와 관련된 국제적 기구인 '국제매화학술회의' 와 '국제매화품종등록위원회' 한국 대표로 그동안 한국의 매화와 매 문화를 알리는 일을 해 왔던 것도 보람된 일이 아닐 수 없다.

또한 1593년도에 우리의 창덕궁 선정전 앞에 있던 와룡매를 도요토미 히데요시(豊臣秀吉) 일당이 뽑아가 일본의 동북부인 미야기현의 서암사에 심어 놓은 것을 일본 정부의 협조를 얻어 400여 년 만에 처음으로 생태조사를 하여 우리 국민들에게 알렸던 일과 우리나라에 생육하고 있는 정매 가운데 선암매, 고불매, 율곡매, 지리산야생매 등 5그루를 문화재청에 요청하여 건국 후 처음으로 '천연기념물' 로 지정하게 된 일들은 참으로 보람 있는 일이 아닐 수 없었다.

이쯤에 나는 로버트 프로스트(Robert Frost, 1875~1963)의 시 「가지 않은 길」을 읊어본다.

## 가지 않은 길(The Road not Taken)

노랗게 물든 숲속에 두 갈래 길이 있었습니다.
Two roads diverged in a yellow wood,
난 나그네 몸으로 두 길을 다 가볼 수 없어
And sorry I could not travel both
아쉬운 마음으로 그곳에 서서
And be one traveler, long I stood
한쪽 길이 덤불 속으로 감돌아간 끝까지
And looked down one as far as I could

한참을 그렇게 바라보았습니다.
To where it bent in the undergrowth;
그리고는 다른 쪽 길을 택했습니다.
Then took the other, as just as fair,

먼저 길에 못지않게 아름답고
And having perhaps the better claim,
어쩌면 더 나은 듯도 싶었습니다.
Because it was grassy and wanted wear;
사람들이 밟은 흔적은 비슷했지만 풀이 더
Though as for that the passing there
무성하고 사람의 발길을 기다리는 듯해서였습니다.
Had worn them really about the same,

그날 아침 두 길은 모두 아직
And both that morning equally lay
발자국에 더럽혀지지 않은 낙엽에 덮여 있었습니다.
In leaves no step had trodden black.
먼저 길은 다른 날로 미루리라 생각했습니다.
Oh, I kept the first for another day!
길은 길로 이어지는 것이기에
Yet knowing how way leads on to way,
다시 돌아오기 어려우리라 알고 있었지만.
I doubted if I should ever come back.

먼먼 훗날 어디에선가
I shall be telling this with a sigh
나는 한숨 쉬며 이야기를 할 것입니다.
Somewhere ages and ages hence:
"숲속에 두 갈래 길이 있어
Two roads diverged in a wood, and I-
나는 사람이 덜 다닌 길을 택했습니다. 그리고
I took the one less traveled by,
그것이 내 인생을 이처럼 바꿔 놓은 것입니다"라고
And that has made all the difference.

나는 그렇게 사람들이 가지 않은 길을 택했다. 나는 매화와 더불어 나만의 올곧은 길을 걸을 수 있었고, 그것이 나에게 주어진 소명이었음을 깨달으면서 매화에 관한 한 누구보다도 한발 더 앞서가려는 부단한 노력과 힘닿는 데까지 최선을 다했다. 그럼에도 불구하고 나는 아직도 매화에 대하여 아는 바가 미미하고 소소함을 느끼지 않을 수가 없다. 나는 내게 남은 삶을 바쳐 매화를 더 알아가고 영주매화공원을 가꾸어 가는 일에 생의 마지막 열정을 다하여 힘써 나갈 것이다.

# 건청궁 고매

경복궁 안쪽 깊숙한 곳에 있는 건청궁은 구한말 서구열강의 세력다툼 속에서 어지럽게 돌아가던 정세를 새로운 각오로 돌파하겠다는 고종의 의지가 서려 있는 곳이기도 하다. 고종은 건청궁에서 명성황후가 일본 낭인浪人들에 의해 시해당하는 비참한 사건을 겪은 후 1896년 2월부터 1년 동안 세자와 함께 정동에 있는 러시아 공사관으로 옮겨서 거처했던 아관파천俄館播遷이 있었다.

오랫동안 군인들이 주둔하고 있던 곳에 건청궁의 복원공사가 시작되어 2007년 5월에 250칸의 한옥이 원형대로 건립이 되었다.

이에 따라 이 일을 주관하고 있던 문화재청에서는 가급적 원래대로 조경공사를 하기 위하여 건청궁 복원에 따른 '조경자문위원회' 를 구성하고 2007년 5월 8일 14시 국립고궁박물관 회의실에서 유홍준 문화재청장의 주재로 경복궁관리소장등 6명과 건청궁 복원에 따른 조경자문위원으로 박상진 문화재위원(경북대학교 교

▲ 건청궁 장안당 앞 고매

수), 이선 문화재전문위원, 정영선 서안조경대표이사, 필자(한국매화연구원장) 등 4명을 포함한 모두 10명이 참석하여 건청궁의 조경에 대한 복원계획을 논의하였다.

나는 이 자리에서 이조실록이나 궁궐도등 자료 등을 인용하여 건청궁에도 상록수로써 소나무와 유실수 및 화목류로는 감나무, 모과나무, 매화나무를 비롯하여 회양목과 진달래, 옥매 등의 관목류가 있었던 것으로 사료된다는 의견을 개진하였다.

회의를 마치고 일행은 유홍준청장의 안내로 추수부용루秋水芙蓉樓에서 전통차를 마시며 환담의 시간을 가진 다음 장안당에서 곤명합으로 통하는 복도를 따라 곤명합과 복수당을 차례로 돌아본 뒤 청휘문 밖에 있는 녹산에 올라가 명성황후의 시신을 불태운 곳을 돌아보았다.

대부분의 궁궐 건물들은 단청을 했지만 건청궁은 당시의 원래

▲ 건청궁 뒤편에 식재된 고매

모습대로 사대부 양반가의 양식을 살려 단청을 하지 않았으며 그러므로 화려함 대신 담백한 멋이 돋보인다.

건청궁에는 고종과 명성황후의 생활공간이었던 장안당長安堂과 곤명합坤寧閤이 있다.

명성황후는 1895년 을미사변 당시 곤녕합에서 장안당으로 이어지는 통로에서 일본 공사公使 휘하 낭인들에 의해 시해되었으며, 황후의 시신은 왕비 침실인 옥호루玉壺樓에 잠시 안치됐다가 건청궁의 뒷산인 녹산에서 불태워졌던 아픈 역사의 흔적이 간직된 장소이다.

건청궁의 조경은 소나무와 모과나무, 감나무, 매화 등의 교목과 옥매와 진달래 등을 식재함으로써 비교적 간결하면서도 원래의 모습을 복원하는 데 힘썼다.

이곳에 심겨진 감나무는 고종이 생전에 경남 산청의 감나무에서 따온 감을 즐겨드셨던 관계로 '고종시高宗柹'라고 불렀던 산청의 감나무를 산청군에서 헌수하여 식재하였고, 매화나무는 필자의 한국매화연구원에서 배양하던 120년생 백매 2그루를 가져다가 한 그루는 장안당 마당가에, 다른 한 그루는 건물 뒤편에 심었다. 이로써 우리 궁궐에는 창덕궁 내의원의 자시문資始門 앞에 있는 조선왕조 14대 선조대왕先祖大王(1467~1608) 때 중국의 명나라에서 우리 조정에 보내왔던 '만첩홍매萬疊紅梅' 다음으로 두 번째 고매가 심겨지게 된 것이다. 사실 창덕궁 만첩홍매는 400여 년 동안 생육하면서 추위로 인하여 원줄기가 고사하고 뿌리 둥치에서 새 가지가 돋아나 제법 매화나무 형태를 갖추고 있는 실정이다. 나는 청와대에 기증하여 대통령 관저에서 약 50m가량에 위치하였고, 대통령이 관저에서 나와 본관까지 걸어가는 길가에 심어진 녹악매와 함께 우리 궁궐의 매화들이 잘 자라주기를 바라는 마음 간절하다.

# 곤명 탐매

운남성은 중국 서남쪽에 위치하여, 베트남, 라오스, 미얀마 등과 국경을 마주한 지역이다. 곤명시는 운남성의 성도이며 위도가 낮고 해발이 1,895m로 높은 고원도시로써, 시 구역의 연간 평균 기온이 15.℃이며 겨울에는 엄동설한이 없고 여름에는 무더위가 없으며 연간 평균 일조시간이 2,400여 시간에 달하고 서리가 없는 기간이 230일에 달하며 사계절 꽃이 피고 초목이 푸르다. 기후는 항상 2, 3월 같고 꽃과 나무가 사계절 아름다운 특색을 가지고 있어 '봄의 도시(春城)' 라 불린다.

2005년 봄 내가 북경에 갔을 때 북경임업대학교 진준유 교수는 곤명에 대한 설명을 자세하게 해 주었고, 운남지역의 탐매 여행을 강력하게 권유하기도 했다. 그로 인하여 곤명의 탐매를 위해 여러모로 계획하고 궁리하던 차에 드디어 2006년 1월(1. 17~1. 24)에 꿈에 그리던 곤명행이 이루어졌다.

▲ 흑룡담 풍경구 입구

나의 곤명 탐매는 북경임업대학교 대학원장 장계상張啓床 박사가 동행하여 안내해 주기로 사전에 약속이 되었다.

그러므로 나는 아내와 함께 서울에서 곤명으로 직행했고 장 박사는 제자인 박사생 3명을 대동하고 곤명에서 합류하였다.

곤명에서는 곤명시 흑룡담공원 공정사工程師(造景技士)인 화산華珊이 안내를 맡아 주었다. 화산은 원래 운남성 곤명시 출신으로 남경임업대학에서 식물학을 전공하고 북경임업대학원에서 석사과정을 마쳤으며, 북경임업대학원장 장계상 박사의 제자이기도 하다.

그는 우리가 곤명에 있는 동안 자동차를 제공하거나 사찰의 출입을 용이하게 하고 입장료를 면제받게 해 주는 등 많은 도움을 주었으며 탐매 여행 중 아내가 몸이 아팠을 때에는 아침 일찍이 약을 사가지고 오기도 하고 곤명지역의 고매들에 대한 사진 CD를

▲ 당매의 간판

복사해 주기도 했다. 또 우리가 떠나올 때에는 곤명지역에서 유명한 푸얼차普洱茶가 화산의 동네에서 생산되는 것이라고 하여 귀한 수제차를 선물해 주기도 했다.

곤명의 탐매는 흑룡담 풍경구에서부터 시작했다. 풍경구 안에는 원元나라 때의 매화를 비롯하여 세계적인 매화의 최고 권위자인 북경임업대학교 진준유 교수가 친히 명명한 '태각매'가 있으며, 대리현大理縣에서 옮겨 온 고매 등도 있었다.

당매는 이미 수년 전에 고사했지만 지금도 고사한 형태의 매화나무를 그대로 보존하고 있어 1300년 가까이 살아온 고매의 위상을 잘 나타내 주고 있었다.

흑룡담의 고매 1호는 '태각녹악매' 로써 수고 3.8m이고 수관폭이 3.2m이며, 흉경이 34㎝인 수령 약 300년생으로 진준유 교수가 이름을 명명한 것이다.

흑룡담의 고매 가운데 용담분龍潭粉은 수고가 3.7m이고, 수관폭이 4.3m이며, 근원직경이 40.5㎝인 수령약 380년생의 분홍매이다.

그리고 용담분 2호는 수고 5.5m이고, 수관폭이 5.3m이며, 흉경이 45㎝인 수령 약 250년생이다. 꽃 색깔은 분홍이고 겹으로 핀다.

한편 대리大理에서 옮겨 온 여강驪彊 고매는 수고가 5.0m이고, 수관폭이 4.5m이며, 근원직경이 225㎝인 수령 약 600년생으로 수세가 몹시 쇠약한 상태로 회생에 안간힘을 쓰고 있었다.

두 번째 탐매 장소는 화정사였다. 화정사는 운남성에서 규모가 가장 큰 불교 성지이고, 원나라(1320년)때에 처음 설립했다. 원나라의 유명한 고승 현봉 스님이 창시하였다. 후에 중화민국 9년(1920년)에

▲ 흑룡담 고매를 조사하는 필자

근대 불교 선종 승려 허운이 재건설했으며 본사 주지로 임하고 건국 후 중국불교협회 명예 회장으로 취임했다. 근년에 와서는 화정사에서 성공적으로 국내외의 고급 지도자와 성지순례자를 접대하고 불교 명산 성지 및 불교문화 유산으로 보호하고 있다.

화정사에는 모두 10그루의 고매가 있으며 수령은 200년에서 300년에 이른다.

다음으로는 운남성 진저현 반룡사 대웅전 앞에 있는 반룡고매盤龍古梅를 탐매했다. 반룡사는 곤명에서 약 2시간가량의 거리에 있는 절로써 국도에서 절까지는 비포장도로를 약 4㎞가량 흙먼지 속을 달려야 하는 오지 산골에 있었다. 반룡고매는 수고가 8m이

▲ 반룡사 반룡고매

고, 수관폭이 6.5m이며, 흉고직경이 96㎝인 수령 650년생으로 원 줄기는 지상 약 4.5m 부위에서 태풍에 부러져 버렸고 옆의 줄기가 살아서 나무의 품위를 유지해 가고 있었다.

곤명의 석림石林은 곤명시 남쪽에 있으며, 면적이 350㎢이고 돌기둥이 마치 숲속의 나무줄기처럼 하늘을 향해 치솟아 있는 것이 삼림모양을 하고 있다. 이 석림의 동북쪽 돌기둥 앞에는 수고 5.5m, 수관폭 6.5m에 근원직경이 85㎝에 이르는 수령 약 350년생 백매가 드넓은 석림 사이에 서 있다.

다음으로는 곤명 시내에 있는 곤명시昆明市 제2第二 인민병원人民病院(康福醫院)의 고매들을 탐매했다. 강복의원康福醫院은 장계석 총통과 함께 대만으로 간 국민당의 간부들이 휴양지로 사용하던 곳이라고 하며, 이곳에는 만분포자晩粉抱子, 태각매台閣梅 및 배중포자胚中抱子, 용천옥접龍泉玉蝶(2004년 품종등록) 등 31주가 있으며 수령은 모두가 300년 이상 된 것들이었다.

곤명호가 내려다보이는 아름다운 푸른 잔디 언덕에 서 있는 옥람원玉覽園의 고매는 지상 32㎝에서 6줄기로 자랐으며, 수고는 5.8m이고 수관폭은 7.6m이며 근원직경이 125㎝인 수령 약 300년생 분홍 태각매였다.

동행했던 북경임업대학원장 장계상 박사에 의하면 중국의 매화품종은 총 320종이며, 고매의 분포상황은 모두 다섯 개 성省 20개 시市에 있으며, 해발 최고 2,780m(티베트)에서 최저 110m(安徽省和現古梅)의 지역에 총 45주(원매 4주, 명매 5주 포함)가 있고 이 가운데 수세가 강한 것이 22주이고 중간쯤 되는 것이 19주이며 수세가 쇠약한 것이 4주가 있다고 한다.

▲ 석림의 백매

그리고 야매 가운데는 해발 2,400m(운남지역)에 있는 털매화毛梅가 있고 운남성 이현에는 곡경매曲梗梅가 있다고 한다.

운남의 고매는 40주가 품종 등록이 되어 있다. 그 가운데 원매4주, 명매 4주, 청매 중에 북계 고매, 경동 고매 그리고 명매 가운데 '당매'(즉 흑룡담대 1호)는 이미 1급 보호 고매로 설정되었으며, 나머지는 2급으로 분류된다.

송나라와 당나라 시기 대리와 이원 일대가 운남의 정치, 경제, 문화의 중심지였다가 원대 이후 곤명으로 옮겨졌다. 이런 역사적 배경으로 인해 귀주지역 서쪽지역에는 주로 식용 고매가, 중부지역에는 관상용 고매가 많이 분포하게 되었다. 특히 곤명지역의 사찰이나 정원 등지의 매화는 전통적인 관상용 매화로 분류된다. 조사된 40주의 고매 분포지로는 사찰과 도관道館이 2/3정도를 차지한다. 이러한 매화들은 승려나 도인의 손에 의해 지금까지 관리되어 오고 있으며, 나머지 고매들은 각기 주인이 있는데 이들은 모두 각 가문에서 대대로 전해져 내려오는 것들이라서 가족들의 보호를 받고 있었으므로 인위적인 피해를 면할 수 있었기 때문에 장수가 가능했던 것으로 보인다.

흑룡담 풍경구는 곤명시 북부외곽 용천에 위치하고 있다. 이곳은 용담과 고 사찰, 고목으로 유명하다. '두 그루의 매화와 연못, 사계절 안개비와 구름'은 흑룡담 경관의 특색이다. 이곳은 서한시기西漢時期에 흑수사黑水祠가 세워졌는데, 이는 이 지역 최고最古의 건축물이다.

현존하는 하관흑룡궁下觀黑龍宮 위쪽의 용천관龍泉觀 고건축군古建築群들은 모두 명나라 홍무洪武 27년(1394년)에 세워진 곤명이 가장 완벽하게 유지하고 있는 명나라 도관道館건축군이다.

용천 관내에는 고목과 명목이 많다. 가장 유명한 것은 중국 최고의 지식인이며 시인인 곽말약郭沫若(1892~1978)이 칭찬했던 '삼이목三異木'이다. 즉 당매화唐梅花, 송백宋柏, 명다明茶가 그것이다.

용천관 내에는 수령이 200년 이상의 고매 20여 그루가 있다. 모두 진귀한 품종과 곤명 특유의 품종이다. 세계적인 매화 권위자인 북경임업대학교 진준유 교수(1917~2012)는 1991년 곤명 흑룡담 매화를 현지 조사할 당시 "이렇게 많은 진귀품종의 매화가 한곳에 존재한다는 것은 중국의 전 지역을 통 털어 이곳뿐이다"라고 말했다고 한다.

당나라 때부터 흑룡담 시민들은 매화식재와 감상, 작품창작이 시작되어 많은 영매시를 남겼다. 유명한 '당매비唐梅碑'와 진원의 흑룡담 '상매시비賞梅詩碑'는 지금도 원형대로 남아 있다. 예전부터 흑룡담 '상매시비'는 많은 사람들에게 회자되어 오고 있으며, '용천상매'의 상징이기도 하다.

흑룡담 매원은 1991년 공사를 시작하여 1992년에 완공되었다. '용천탐매'는 운남지역의 특색인 산, 물, 식물과 중국의 민족적

▲ 흑룡담 상매시비

특색이 하나 되는 산수매원이다. 매원의 풍경은 '매화를 찾아 살아가며 연구하고 감상하는' 코스로 이루어졌다. '심매尋梅' 구역은 몇 그루의 매화를 심어 관람객들로 하여금 '흩어진 매화가 홀로 피어나 눈이 와도 그 향기를 은은히 풍기는' 경관을 느끼게 한다. '심매尋梅' 구역은 매화를 전시해 놓은 '예술매화원藝術梅花園'으로 이어진다. 원내에는 운남의 특색을 지닌 고매 분재 3,000여 분을 수집해 놓았다. '심매尋梅'에서 이러한 장관의 풍경을 감상할 수 있는 것은 중국의 어느 곳에서도 볼 수 없는 크고 넓은 매원이다.

'탐매探梅' 지역은 빽빽이 심은 매화와 오솔길, 연못, 정자 등을 이용하여 동적이면서도 정적인 면을 결합해 놓은 곳이다. '용천은 깊은 곳에 위치해 한 그루의 매화나무에서 많은 꽃이 핀다. 물은 산에서 흘러내려 오고 꽃은 져서 물로 흐르는' 경관을 만들어 내고 있다.

'문매問梅' 구역은 '향설해香雪海' 의 뛰어난 풍경을 만들어 놓았다. 넓은 지역에 걸쳐 매화나무가 심겨져 있고, 계곡 밑으로는 물이 흘러 관람객들은 마치 매화바다를 건너가는 느낌을 받게 한다. 이곳에는 몇 천 그루의 나무가 있어 구름과 매화꽃 바다와 하나를 이룬다.

'상매賞梅' 구역은 소품들이 배치되어 매화의 운치를 드러낸다. 건축물에는 영매, 풍경그림, 현판 등을 걸어 매화 감상 분위기를 더욱 고조시키고 있다.

또한 이곳에는 여러 서예가, 시인, 화가의 매화작품들이 전시되어 있어서 '문화원' 의 풍미를 느낄 수 있다.

매원의 면적은 427무(약 86,000평)이며 5,000여 그루의 매화가 심겨져 있고 3,000여 분의 분매가 있다. 그중 1,000여 분이 고매이고 매화문화 작품도 1,000여 점이나 된다.

운남지역의 탐매가 내게 있어서는 중국이 자랑하는 명매와 고매들을 직접 탐매할 수 있는 소중한 기회였을 뿐만 아니라 중국인들의 매화 사랑에 대한 열정을 새롭게 느낄 수 있었고, 그들의 생활 가운데 깊이 스며들어 있는 매화문화를 엿볼 수 있는 특별한 여행이 되었다.

그후 나는 두 번째 곤명 탐매여행을 할 기회를 얻었다. 2014년 1월 7일부터 3일간 곤명에서 '국제매화학술회의' 가 개최됨에 따라, 주최 측 초청에 의하여 한국대표로 참가하게 된 것이다. 이 자리에서 나는 〈한국의 매화품종〉에 대한 논문을 발표하기로 하여 논문은 이미 12월 초에 발송하였고, 비행기표는 8월에 예약을 해 두었다. 그러나 안타깝게도 회의출발 3일을 남겨놓고 건강이 여의치 않아 하는 수 없이 주최 측에 불참을 통보하고 가지 못했다. 그리하여 흑룡담 '심매尋梅' 구역을 두 번째 돌아볼 기회를 놓치게 된 것을 서운하게 여기면서 기회가 되면 다시 한 번 꼭 가봐야 하겠다고 다짐해 본다.

# 손자매孫子梅 '민혁녹악民爀綠萼'

우리나라에 분포되어 있는 매화의 194개 품종을 조사하여 이를 번식하고 보존하며, 새로운 품종을 개발하는 과정에서 대부분의 매화품종 명칭은 고유한 이름을 그대로 사용하지만 때로는 새로운 품종에 대하여 작명을 해야 할 때가 있다.

이와 같은 매화의 품종명을 부여함에 있어서, 국제매화품종등록위원회에서도 정해진 규정은 없지만 중국의 경우는 지역명이나 꽃의 형태 등을 감안하여 부르는 경향이 있는가 하면, 일본은 사람의 이름이나 천체의 명칭을 인용하는 사례가 있는 것을 볼 수 있다.

퇴계 이황은 매화를 혹애하리 만치 좋아했다. 그가 단양군수로 재직할 당시 관기였던 두향과의 사랑 이야기는 오늘날까지도 많은 사람들의 가슴을 울리게 한다. 두향이 퇴계에게 선물했던 매화는 백매였으며, 꽃받침이 녹색인 녹악매였다. 이 매화는 후에 안동의 도산서원 광명실 앞 화단에 옮겨져 자라다가 1996년에 고사하였다. 필자는 1995년 봄에 도산서원을 방문하여 도산매가 고사해 가는 것을 목격하고 도산서원관리소장에게 회생할 수 있도록 조치해 줄 것을 부탁했었으나 결국 고사하고 말았다. 2008년도에는 일본의 효고현에 있는 '세계매화공원'을 방문했었는데, 그곳에는 우리나라의 매화품종이 6개 종류가 있으며, 그 가운데는 도산매陶山梅도 함께 있는 것으로 기록되어 있었다. 나는 그것들을 찾으려고 세계매화공원 관리소의 협조를 얻어 공원 안의 수많은 매화나무들을 일일이 조사해 보았지만 한국 품종으로는 '대곡매大谷梅'라는 것 외에는 찾을 수가 없었다. 공원관리소에 다시 한번 찾아줄 것을 부탁하고 돌아왔다가 이듬해 봄에 다시 방문하여 도산매접수를 얻어와 번식하였다.

나의 음성 농장에는 1990년대 초에 전남 영암에서 구해다가 심은 백매계통의 품종이 있다. 이 매화의 꽃이 피었을 때에 도산매의 꽃가루를 수정하여 번식한 결과 새로운 품종으로 꽃빛이 희고 향이 짙은데다가 꽃받침이 녹색인 좋은 꽃을 얻게 되었다. 이름을 무엇으로 정할까 궁리 끝에 '민혁녹악民爀綠萼'이라고 명명했다.

▲ 민혁녹악매 꽃

민혁은 나의 큰손자다. 1993년도에 미국으로 유학 간 큰아들 내외가 대학 내의 부부 기숙사에서 생활하다가 1994년도에 그놈이 태어나는 바람에 기숙사에서 쫓겨나야 했던 사연이 있는 놈이

기도 하다. 지금은 미국 워싱톤 인근의 메릴랜드에 살면서 9월에 대학에 진학했다.

중국 청도에서 대규모 매화공원을 운영하는 나의 친구 장실전張實傳 사장은 중국에서는 비교적 북쪽에 위치한 추운 곳에 매화공원을 조성하였음에도 많은 품종의 매화나무를 보유하고 있다. 그도 역시 큰아들이 미국에 유학하여 수학할 때에 사귀었던 중국의 유명한 신화사통신 편집국장의 딸과 혼인하여 그 사이에서 출생한 딸 아이 하나가 있다. 이름이 명효明曉라고 부른다. 우리 내외가 청도에 가면 친할아버지, 친할머니 못지않게 잘 따른다. 어느 핸가는 예쁜 한복 한 벌을 마련하여 소포로 부쳐주고는 이듬해 설 명절을 청도의 장 사장 댁에서 보내기로 하여 그곳에 갔더니 명효가 한복을 곱게 차려입고 세배를 하는 모습이 너무나도 귀엽고 사랑스러웠다. 장 사장은 하나뿐인 손녀딸을 위해 새로이 개발한 매화품종명을 '명효풍후明曉豊后'라고 명명하여 나에게도 가지 하나를 잘라 주기에 가져다가 접목하여 기르고 있다. 꽃빛이 붉은 색이고 꽃잎은 여러 겹이면서 탐스럽게 생겼다. 사랑스런 명효를 보듯이 가까이서 보고 있다.

▲ 명효풍후매

매화를 기르면서 손자매를 번식하여 기르는 재미가 쏠쏠하다.

# 조선시대 명품 매화 월사매月沙梅

'월사매'는 월사月沙 이정귀李廷龜(1564~1635)가 중국 사행시에 웅화熊化(1576~1649)와 내기 바둑을 두어 이기게 되었고 그 대가로 현황재顯皇宰(신종神宗)가 감상했던 홍매 분매 하나를 얻어 귀국한 일이 있었다. 이 분매는 월사의 문인 민후건閔後騫에게 주어졌는데, 그 후 다시 황이장黃以章의 소유가 되었다가 1737년 후손 이정보李鼎輔(1693~1766)에게 돌아오게 되었다. 이는 식자들에게 회자된 유명한 사건이었던 듯하며 당시 성리학의 대가였던 채지홍蔡之洪(1638~1741)은 이를 두고 다음과 같은 시를 남기고 있다.

| | |
|---|---|
| 선자하년강자신仙子何年降紫宸 | 신선이 어느 해 제왕의 궁전으로부터 내려왔나? |
| 궁음세계독정신窮陰世界獨精神 | 음기가 가득한 세계에 홀로 정신을 발하네. |

억증사노조천일憶曾沙老朝天日 생각건대 지난날 월사 노인장 조천하던 날

도득웅가별지춘賭得熊家別地春 내기에 이겨 웅가熊家의 별지춘別地春을 얻어 왔지.

화이주삼종반고花易主三終返故 세 번이나 주인 바뀌어 꽃은 옛 주인에게 돌아왔는데

지경상백상추신枝經霜百尙抽新 백 년의 세월 겪었으나 아직도 새 가지가 뻗어나누나.

경주구물유자훼京周舊物惟兹卉 주나라의 도성의 문물 오직 이 꽃에 남아 있거니

수호청향막염진須護淸香莫染塵 맑은 향기 보호하여 속세의 더러움에 물들지 말도록 할지라.

존주대명尊周大明의 의리 사상에 투철하였던 성리학자의 눈에 월사가 중국에서 가져온 매화는 중화문물의 상징으로 인식되고 있다. 음기가 횡행하는 현실 속에서 매화는 홀로 참다운 정신을 간직한 지조의 화신으로 여겨지는 것이다.[1]

월사매는 이정귀가 살던 관동 즉 성균관 앞쪽 지금의 연건동 275번지(서울대학병원 치과병원 앞뜰에 이정귀의 고조 이석형(1415~1477)의 집터를 알리는 표지판 있음)에서 세거하였으며, 10대가 지나도록 이정귀의 사당 앞에 홍매가 계속해서 있었고 접목에

1) 신익철, 『18세기 매화시의 세 가지 양상』, 한국정신문화연구원.

의하여 호서지역에 많이 번식하였다는 기록이 있다.

월사매는 조선시대 매화를 품평할 때 가장 진귀한 품종으로 여겼으며, 꽃잎이 한 겹으로 연한 홍색을 띠는 것이 특징이다. 당시에 홍매가 단엽인 것은 월사매가 유일한 것이었다.

▲ 월사매 꽃

조선시대 매화를 사랑했던 사람 가운데 자하紫霞 신위申緯(1769~1845)는 단엽홍매를 구하려고 애를 쓰다가 유정주俞鼎柱라는 사람을 통하여 어렵사리 한 그루를 얻었으나 꽃잎이 여러 겹인 천엽매千葉梅라는 것을 알고 그의 시 「단엽홍매單葉紅梅」에서 "단엽홍매는 나라 안에 없고, 월사의 사당 앞에 단지 한 그루 있다네(紅梅單葉國中無, 月沙祠前單一株)."라고 읊은 바 있다.

월사매는 후에 이정귀의 후손인 이헌재(1854~?)와 그의 친구 한 장석에 의해 신종이 내린 매화라 하여 만력매萬曆梅라는 이름을 얻게 되었다.

옥천의 선비 육용정陸用鼎(1842~1917)은 『만력매시萬曆梅詩』의 서문을 썼는데 당시 그가 본 만력매는 오늘날 흔히 볼 수 있는 붉은 매화가 아니라 연한 흰빛 속에 붉은빛이 감도는 것이었다. 육용정은 이와 같은 매화의 꽃 색깔에 의미를 부여하였다. 충심을 상징하는 붉은빛과 절조를 상징하는 흰빛이 함께 있으니 이를 대명大明의리의 상징이라 한 것이다.

월사매가 대명의리에 연결된 것은 우암尤庵 송시열宋時烈(1607~1689)에 대한 상징 조직과도 관련이 있다. 송시열이 화양동華陽洞

에 처음 세운 계당에는 홍매 한 그루가 있었다. 기사환국己巳換局이 일어나 실각하던 해 봄에 이 홍매가 무단히 말라죽었다. 그러다가 1694년 갑술옥사甲戌獄事로 노론이 재집권하던 해 봄에 다시 회생하여 잎과 꽃이 전과 같이 피었다. 노론사대신이 죽임을 당한 1721년 이 홍매는 갑자기 물에 떠내려갔다. 이후 소론대신이 사사되고 노론이 집정을 하게 된 1725년 지나가던 나무꾼이 모래벌판에서 홍매를 찾게 되었다. 채지홍蔡之洪의 「화양동이적이야기(화양동이적설華陽洞異蹟說)」에 나오는 이야기다. 이와 같은 홍매는 육용정이 살았던 20세기 초까지 계속 살았다고 한다.[2)]

나는 8년여 동안 우리나라의 방방곡곡 탐매를 하면서 호서지방에 대한 탐매를 3~4차례 반복하여 시행하던 중에 2005년도 봄에 전라북도 익산에 사는 배봉룡이라는 사람을 통하여 고매를 얻게 되었으며, 그 매화가 바로 월사매라는 것을 알게 되었다. 접목에 의하여 호서지방에 많이 퍼지게 되었다던 월사매가 인근 전북 지역에까지 전해지게 되었던 모양이다. 꽃은 색이 연한 흰색이며 약간의 붉은색을 머금고 있고, 꽃잎의 맥脈이 실핏줄마냥 선명해 보인다. 비교적 담담하고 영롱한 빛이 난다. 수령은 약 300년생이다. 나는 이 나무를 분에 심어 분매로 기르고 있다. 다른 매화나무 둥치에도 여러 개 접목을 하여 분매로 배양하고 있으며 어린 묘목으로도 번식하여 그 수를 늘려 놓았다. 20세기 초까지 살았던 '월사매'가 100여 년간 알지 못하고 있던 것을 발견하게 되어 조선 명매의 대를 이어 가게 되었으니 참으로 기쁜 일이 아닐 수 없다.

---

2) 이종묵, 『문헌과 해석』 50호, pp13~23.

# 청도의 장실전張實傳 사장

중국中國 산동성山東省 청도시靑島市 이창구李滄區 십매암로十梅庵路 풍경구風景區에 있는 청도매원은 3면의 배산背山과 1면의 임수臨水로 약 990,000㎡(300,000평)의 부지에 200종의 매화품종 약 10,000주의 매화가 식재되어 있고, 매화분경 및 분재가 1,000여 분이 있다.

대부분 중국의 주요 매원들이 장강長江 이남지역에 분포되어 있는 것에 비하면 청도매원은 중국 내에서는 북방에 속한 지역 내 최대 매원이며, 중국 남방의 매화를 북방으로 이식하는 주요기술개발센터 및 연구기지 역할을 할 뿐만 아니라 중국농업부가 명명한 '중국매화지향中國梅花之鄕'으로 일컬어진다.

이곳의 주요 시설로는 '상매곡賞梅谷', '취향벽醉香壁', '매화문화전실梅花文化展室', '매분경전실梅盆景展室', '람매정攬梅亭', '풍향각風香閣' 등이 있다.

▲ 청도매원

'상매곡賞梅谷' 은 매원의 서남향으로 우측의 깊은 계곡에 있으며 옥접매玉蝶梅, 궁분宮粉, 녹악매綠萼梅 등 100여 종의 우량 화매 품종이 식재되어 3월 중순경 매화가 만발하면 장관을 이룬다. '취향벽醉香壁' 은 매원을 찾는 문인 묵객들의 시나 글귀를 돌에 새겨 세워 놓은 것으로 운치가 있는 수석에 시문과 필적이 예술적으로 돋보이는 곳이다. '매화문화전실梅花文化展室' 에는 중국 내 저명한 서, 화가들의 매화와 관련된 서예작품이나 그림들을 전시하는 공간으로 묵향이 물씬 풍기는 공간이고, '매분경전실梅盆景展室' 에는 매화분재의 여러 가지 기법을 이용한 다양한 작품들과 고매 분재들이 있으며 분경을 포함하여 3,000여 점이 배양되고 있다. '람매정攬梅亭' 은 매원의 서측 뒷산에 있으며 매원이 한눈에 내려다보이는 곳에 위치해 있고 아름다운 육각정자로 석양에는 전면에 있는 호수에 그림자가 비친다. '풍향각風香閣' 은 매원의 중심에 위치한 백련지白蓮池 위에 있으며 이곳에서 매향을 즐기고 시회를 갖기도 하며 차를 마시고

취기에 젖기도 한다. 이 밖에도 매원의 서쪽 산봉우리에 있는 커다란 바위에는 길이 13m, 넓이 10m의 '매梅' 자가 새겨져 있는데 이 글자는 북송시대 유명했던 서예가 미비米芾의 글씨를 새긴 것이다.

청도매원을 조성한 사람은 청도신매화학건재유한공사靑島頣梅化學建材有限公司 사장이며 중국매화협회 부회장을 역임하고 있는 장실전莊實傳(고급공정사高級工程師) 사장이다. 그는 일찍이 매화를 아끼고 사랑하게 되어 1990년도부터 부지를 매입하고 근 십 년에 걸쳐 매원을 조성하여 1999년도에 개원을 하였다.

장 사장은 성격이 온유하고 말수가 적은 편이다. 그러나 매화에 대한 집념만은 참으로 강하다. 그가 중국의 각지에서 수집해 놓은 매화의 대목들을 보고 알 수 있다. 중국처럼 광활한 국토에서 원근을 가리지 않고 커다란 매화가 있다고 하면 불원천리 달려가 캐서 옮겨놓아야 직성이 풀리는 성격이다.

나와의 인연은 그가 처음 매원을 개원할 당시 그곳에서 '제6기 국제매화학술회의' 가 개최되었고 그 회의에 참석하면서부터다. 그 후 매 2년마다 개최되는 국제매화학술회의에 참석할 때마다 우리 두 사람은 더욱 반가운 조우를 하게 되었고 나이가 한 살 아래인 그는 나를 친 형님처럼 대우해 주었다.

장 사장은 슬하에 1남 2녀를 두었다. 장남은 미국유학을 마치고 귀국하여 사업을 이어갈 후계수업을 받고 있으며, 두 딸은 출가하여 가까이서 살고 있다. 장남이 미국유학 중에 사귀어 결혼한 며느리는 중국의 유명한 신화사통신의 편집국장 딸이다. 그 아들에게서 출생한 예쁜 손녀 명효明曉는 청도 시내 한국인 유치원에 다니는 귀염둥이다.

2007년도 설 명절에는 장 사장의 요청에 의하여 우리 가족과 장 사장 가족이 한데 모여 지내기로 하여 청도의 장 사장 집에서 설 명절을 보냈다. 그 자리에는 신화사통신 편집국장의 부인되는 장 사장의 안사돈도 함께했다. 중국의 춘절은 우리네와는 다소 차이가 있지만 그러나 나름대로의 전통과 문화의 양식에 따라 검소하면서도 절제가 있었다. 음식은 그들의 전통 음식과 특히 다양한 만두 종류가 이색적이다. 내가 어렸을 때에 할아버지께서 섣달그믐날 저녁에 머슴을 시켜 생 대나무를 잘라다가 마당 가운데 쌓아놓고 불을 지펴서 대나무가 탈 때에 펑하고 튀는 소리를 들으면서, "폭죽성중일세재爆竹聲中一歲除(폭죽소리 가운데 한 해를 보낸다)"라고 하시던 말씀을 기억하고 있지만, 중국인들의 설 명절 폭죽놀이는 참으로 대단했다.

중국인들은 폭죽을 터뜨릴 때에 악귀가 물러가고 행운이 온다는 믿음을 가지고 있다고 한다. 그래서인지 가는 곳마다 장사하는 상점 같은 곳에서는 연발로 터지는 화약용 폭죽소리에 길가다가 깜짝깜짝 놀라는 일이 많았다. 일반주택에서도 설날 저녁식사가 끝나고 나면 온 가족이 마당가에 둘러서서 폭죽놀이를 즐기는데 경제적인 차이와 사회적 지위에 따라서 폭죽의 규모가 다른 것 같았다. 그것은 폭죽이 터지는 소리의 크기와 폭죽의 회수에 따라 알 수 있었다. 장사장의 아들이 소형 트럭에 싣고와 터뜨리는 폭죽은 그날 밤 그 지역에서 터지는 어느 폭죽보다도 소리가 크고 위협적인 것이었다. 우렁찬 굉음과 함께 하늘 높이 치솟는 불덩어리는 가히 장관이라서 온 마을 사람들이 함께 쳐다보고 모두가 함성을 지르고 손뼉을 치며 즐거워하는 모습은 중국의 설명절의 단면이라고나 할까?

설 다음 날은 청도 시내에서 자동차로 약 3시간 반 정도의 거리에 새로 꾸미는 장사장의 또 다른 매원을 구경하러 갔다. 전체 부지는 약 250만 평이며 매원의 부지 가운데 약 10만여 평의 자연호수가 있어서 참으로 아름답고 풍경이 좋은 곳이었다. 이곳에는 이미 30만 본가량의 매화를 식재했으며 해마다 확대해 나갈 계획이라고 했다. 부지의 깊숙한 곳 호숫가에는 아름다운 대단위 리조트를 건설할 계획도 가지고 있다. 내가 보기에 무모하리만큼 방대한 면적에 매림을 조성하는 것은 참으로 놀라운 일이다. 무엇보다도 청도매원에서 해마다 수확하는 매실을 실생으로 묘목을 생산하여 우량종으로 접목을 하지 않고 그대로 식재해 나가는 것을 보고, 시간이 걸리더라도 접목에 의한 우수품종을 선별하여 조성해 나가는 것이 좋을 것 같다는 조언을 해 주었다. 그러나 접목을 하려면 막대한 인건비와 제한된 묘목 생산량으로는 조기에 매원조성이 불가능하다는 것이다. 그럼에도 나는 과거 우리나라에도 너나 할 것 없이 재래종 매실묘목을 식재했던 농가들이 성목이 된 다음에 다시 뽑아서 불태우고 개량종을 심었던 사례라던가, 중국에도 귀주성 리보(荔派縣)지역의 수많은 매원이 실생 묘목을 재배하여

▲ 장실전 사장과 함께

경제성이 떨어질 것이라는 이야기와 일본의 매원에는 재래종 매실나무를 찾아보기 어렵다는 실례들을 전해 주었다.

2008년 여름에는 장 사장의 초청으로 청도매원 내에 있는 별서에서 여름휴가를 보내게 되었다. 나와 아내 외에 광동성 광주에서 사는 막내아들 정준이도 함께 지내게 되었다. '풍향각' 앞의 연못에는 백련白蓮이 곱게 피어나고 있었다. 며칠 전 장 사장의 사돈되는 신화사통신 편집국장이 이곳에서 휴가를 보낼 때에 낚시를 좋아했던 관계로 백련지白蓮池에 붕어와 잉어 등 물고기 한 트럭을 사다가 풀어놓아 낚시를 할 때에 고기가 잘 잡히도록 배려를 했다고 한다. 그래서인지 아직까지도 팔뚝만 한 물고기들이 떼를 지어 놀고 있었다.

그의 인생에 마지막 꿈을 실현하게 될 250만 평의 황룡매원黃龍梅園이 아름답게 조성되어 중국 내의 최대 매원으로 또 하나의 '중국매화지향中國梅花之鄉'이 되기를 마음속으로 기원한다.

# 추위로 죽은 고매

경상남도 양산의 원동마을 기찻길 옆으로 늘어선 매화 동산에는 봄철이면 수많은 탐매객들이 찾아들고, 매화가 만발한 철로 위로 서서히 기차가 지날 때면 화사한 매화꽃들이 여행객들에게 손짓을 하며, 은은한 향내가 차 안 가득 풍긴다. 원동면 단위농협조합장을 정년퇴직하고 매실농사를 지으면서 70세가 되었지만 마을에서는 청년 축에 들기 때문에 동네 이장 일을 맡아 보는 정윤석 씨가 50여 년간 매실 과수원으로 농사를 지어 오던 매화 밭을 낙동강이 내려다보이는 좋은 위치라서 부산 사람에게 별장지로 팔게 되었다고 한다. 하는 수 없이 매실나무를 캐내야 하는데 커다란 나무들을 뽑아내거나 처리하는 것이 시골에서는 일할 사람도 없거니와 인건비는 말할 것도 없고, 백오십여 주나 되는 많은 양을 감당할 수가 없어서 매각을 하겠다기에 내가 인수키로 했다.

그 매화나무 때문에 나는 원동 마을을 세 차례나 왕래하게 되었다.

처음에는 매화나무의 상태며 크기 등을 확인하는 나들이였고, 두 번째는 매화나무를 열매 수확을 목적으로 길렀기 때문에 햇볕과 통풍이 잘 되고 수확하기에도 용이하도록 가지를 낮게 벌려서 개방형으로 기른 탓에 그대로 캐서는 엉성하고 싣는 자동차의 자리를 많이 차지하기 때문에 아무리 큰(5톤 트럭) 화물트럭이라도 몇 나무 싣지를 못한다. 그러므로 앞으로 수형을 잡아 나갈 계획을 세워 꼭 필요한 한두 줄기만을 남기고 다른 줄기들은 잘라 버려야 한다. 그 잘라 버려야 할 자리를 흰색 페인트로 표시를 해 주어야 인부들이 엔진톱으로 절단작업을 할 수가 있다. 그래서 두 번째 방문을 했고, 세 번째는 나무를 캐는 작업을 위해서 갔다.

원동을 가려면 광명역에서 KTX기차를 타고 구포역에서 내려 원동으로 가는 보통 열차를 갈아타야 한다. 기차 시간이 어긋날 때에는 구포역에서 한 시간 이상 기다려야 하는 때도 있다. 그래도 나는 지루하지 않고 오히려 기차 시간이 어긋나기를 은근히 바라는 때도 있다. 왜냐하면 그동안에 나는 구포 재래시장을 구경도 하고 시장 안에 있는 돼지국밥집을 찾아가는 기쁨이 있기 때문이다. 환갑이 훨씬 넘어 보이는 아주머니가 중국 동포인 듯한 젊은 여인과 둘이서 꾸려 나가는 이 국밥집은 이 시장 안에서는 제일 오래되고 이름이 있는 집이라고 한다.

나는 이 집에 들어서면 탐매 여행차 일본의 가고시마(鹿兒島)에 갔을 때 알게 된 오래된 우동집을 떠 올리지 않을 수가 없다.

가고시마 중심가의 현대식 건물 사이에 다 쓰러져간 허름한 일본식 양철지붕으로 된 이 집은 80세가 넘은 할머니와 60세가량 되어 보이는 아들이 함께 운영하는 우동집인데 호텔의 안내원이 이 고장의 최고의 맛집이라고 소개해 주었기에 찾아갔지만 외부에서 보기에도 어설픈데다가 안에 들어서니 비좁고 어둑하게 그을린 분위기가 영 아닌 것 같았다.

그래도 일부러 찾아왔으니 음식 맛을 보아야겠다고 마음먹고 주문을 했다. 그런데 내가 찾아간 시간이 오후 4시쯤 되었는데 주인은 5시부터 저녁시간 영업을 시작하므로 기다려야 한다고 했다. 나는 한국에서 왔는데 다음 약속 때문에 하는 수 없이 그냥 돌아가야겠다고 인사를 하고 나오려고 하는데 일부러 찾아왔으니 잠깐 드시고 가시라면서 친절을 베풀어 주었다. 나는 우동 한 그릇을 주문했다. 그런데 함께 나오는 음식 가운데는 흰쌀밥 한 공기와 두부 두 쪽, 반찬으로는 단무지와 후식으로 귤 한 조각이 나왔다. 우동 맛은 역시 국물이 약간 달짝지근한데다 국수발은 차지고 쫄깃하면서 입안에서 부드럽게 씹히는 맛이 가히 일품이라고 느껴졌다.

▲ 가고시마 우동집의 음식

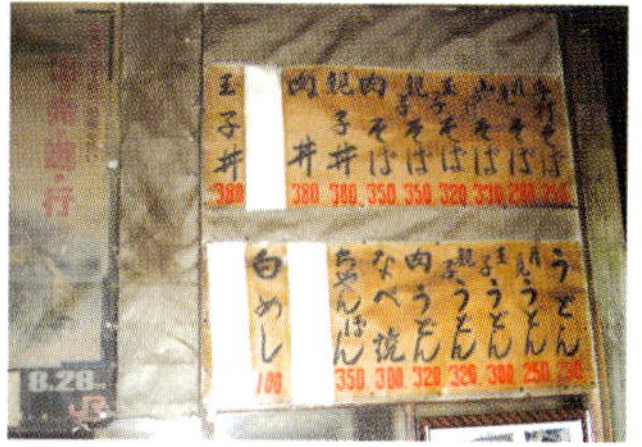


▲ 가고시마 우동집 메뉴판

▲ 구포시장 국밥

그것에 비하면 구포시장 국밥은 돼지 뼈를 푹 고아서 우려낸 구수한 국물에 싱싱한 생 부추를 넣은 다음 새우젓으로 간을 맞추고 나서 기름기가 번들거리는 흰쌀밥을 따끈하게 말아서 깍두기를 우둑우둑 씹어 먹거나 풋고추를 된장에 찍어먹는 맛이란 우리네의 오랜 전통의 맛과 찌들었던 삶의 애환과 허기를 채울 수 있었던 넉넉함의 정서가 배어나는 토속음식이 아닐 수 없다.

나는 매화관계로 원동에 갈 때마다 매번 그 국밥집에 들러 한 그릇씩을 사먹는 재미가 쏠쏠했다. 이밖에도 탐매 여행 중에 내가 제일 잘 가는 곳은 전남 담양의 창평 시장 안에 있는 '원조 국밥' 집과, 안양 관양동에 있는 '일번지 돼지국밥' 집이 향토의 맛집으로 유명한 곳이다.

원동에서 굴취한 매화는 봉화농장으로 운반하여 심었다. 봉화농장은 넓이가 33,400평이라 넓기도 하지만 완전한 석비레 토질이라서 이식한 나무들의 발근과 활착이 잘되는 곳이다. 일단 그곳에서 새 뿌리를 내리게 한 다음에 다시 굴취해서 인덕원 농장으로 가져와 화분에 심어서 분재를 만들기도 하고 어떤 것은 봉화농장에 심지 않고 캐온 즉시 화분에 심기도 한다.

봉화농장에서 가져와 화분에 심은 나무들은 싱싱하게 잘 자라 주었다. 나는 그것들을 나무마다 미리 생각해 두었던 수형대로 다듬고 가꾸어 나갔다. 어떤 것은 새로 나온 가지에 사연이 있는 매화나무들의 가지를 잘라다가 접목을 했다. 그 가운데는 퇴계와 두향의 애틋한 사랑 이야기가 깃든 녹악 백매를 접 부치기도 하고, 금둔사 지허 스님이 보내준 납월매를 접목하기도 했으며, 줄기가 괴기하게 생긴 나무에는 지리산 야생매를 접목하기도 했다. 이렇듯 내가 선호하는 매화꽃을 골라 아접이나 절접을 통하여 접목 배양한 것들이 360여 점이나 된다. 나는 이것들을 온실의 가장 남쪽에 있는 분매 진열대에 올려놓았다. 분매들의 크기는 줄기의 직경이 20㎝가량 되고 수고는 70㎝에서 100㎝가량 되므로 대부분 장정 두 사람이 들어야 옮길 수 있는 커다란 분매들이다. 이러한 분매들을 휴면기에 접어든 11월 경부터는 고매의 품격이 갖추어 지도록 예술적으로 조각을 했다. 조각은 나무의 생김새에 따라 음각과 양각으로 아름다운 요소들을 살려 나가는 형식으로 한다. 1차로 조각 작업이 끝나면 거친 면을 연마제로 매끈하게 다듬고 나서 톱신페스트와 같은 약제를 발라 병충해의 예방도 하고 방부 효과도 누릴 수 있도록 한다. 그런 다음에는 전정 작업을 하여 수형을 간결하게 다듬어 놓는다. 분매 하나하나가 각기 다른 특징과 감상가치를 가지고 있으면서 보는 사람에게 아름다움을 선사할 것이다. 특히 나에게는 이 분매들이 모두가 내 손길이 수없이 닿았고 내 깊은 생각과 정성이 온전히 바쳐진 것들이기에 한없이 소중하고 귀한 작품들이다.

완성된 작품들은 더 많은 보살핌과 사랑을 받기에 충분하다. 요리저리 살펴보고 나서도 다시 돌아와서 또 만져보고 쓰다듬고, 심지어는 밤중에 전등을 들고 나와 불빛을 비춰가면서 꼼꼼히 살펴보고 나서야 잠자리에 드는 때도 있다.

그토록 아끼고 소중했던 분매들 가운데 12주가 추위에 얼어 죽어 버렸다. 멍하니 하늘을 쳐다보며 말문이 막혔다. 온몸에 힘이 빠지고 식욕조차 없어져 먹을 수가 없다. 분매를 어루만지면서 왜 내 마음을 알지 못하고 나를 이토록 심통心痛하게 하느냐고 원망도 해 보고 내가 너희들을 향해 무엇을 잘못했기에 이렇게 허망한 마음을 갖게 하느냐고 한탄도 해 보았다. 그러나 죽은 분매들은 말이 없다. 묵묵부답으로 서 있을 뿐…. 근원近園 김용준金瑢俊(1904~1967)의 수필에 보면 엄동설한에 단벌 바지 속에 여름 속곳을 입고 벌벌 떨면서도, 분매에 이불을 친친 휘감아 놓고 연신 손을 호호 불고 있는 X선생 이야기가 나온다. 차라리 그렇게라도 할걸….

나는 문득 도산에서 추위에 상한 매화를 배회하면서 안타까운 매화시를 읊었던 퇴계를 생각했다.

그는 도산의 매화가 겨울 추위로 상하였기에 한숨을 지으며 시를 지어 그의 제자 김언우金彦遇 등에게 보여준 것을 보면

… (전략) …

| | |
|---|---|
| 아욕천천유매원我欲牋天籲梅寃 | 하늘에 편지를 써서 매화의 원망을 하소연했네 |
| 아욕작사초매혼我欲作辭招梅魂 | 문장을 지어서 매화의 영혼을 불러보았네 |
| 매원초결천소린梅寃悄結天所憐 | 매화의 원망이 사무치면 하늘도 가엽게 여기고 |
| 매혼귀래아소온梅魂歸來我所溫 | 매화의 영혼이 돌아오면 내 따뜻하게 맞아주겠네 |

… (하략) …

죽은 매화를 살려 달라고 하늘을 향해 부르짖으며 원망도 해보고, 글을 지어 매화의 영혼을 불러 보면서, 하늘도 가엽게 여겨 매화의 영혼이 되돌아오기만 하면 예전보다 훨씬 더 반갑고 따뜻하고 정겹게 맞이하리라는 간절함을 읊은 시다.

죽은 매화가 되살아날 수만 있다면 어찌 그뿐이겠는가? 나는 매화를 끌어안고 덩실덩실 춤이라도 한바탕 출 것이다. 하지만 아무리 어루만지고 쓰다듬어 봐도 차디찬 매화의 몸뚱이에서는 춘삼월이 다 지나가도록 새싹이 돋아날 기미가 보이지를 않는다. 왜

하느님은 내 매화를 이렇게 해 놓았느냐고 목메어 울부짖어 보지만 온실 안은 죽음의 고요만 가득할 뿐, 잿빛 어둠이 깊어만 간다. 몇 날을 상심하여 실의에 빠져 지내면서 나는 곰곰이 매화의 죽음에 대한 원인을 찾아보기로 했다.

우선 지난겨울이 근래에 보기 드문 혹독한 추위가 10여 일간 지속되었던 것을 들지 않을 수 없다.

1월 6일부터 17일까지 12일 동안에 3일간을 빼놓고는 연일 최저 영하 12도에서 영하 19도까지 혹독한 추위가 지속되었고, 이때에 죽은 매화나무가 있던 곳은 온실의 맨 앞 남쪽이었지만 온실 밖에는 섬잣나무와 스트로브 잣나무가 심겨져 있어서 가뜩이나 짧은 겨울 햇살을 가로 막는 바람에 죽은 매화가 있었던 온실 쪽에는 종일 그늘이 드리워 있었고 천정 비닐에는 습기가 얼어붙어 그 두께가 1~2㎝나 되는 얼음이 매달려 있었다. 그러다가 날씨가 갑자기 풀리는 바람에 그 얼음이 모두 화분 위로 쏟아져 분토 위에 수북이 쌓여 있다가 그대로 녹아버린 것이다. 뿌리 부분에서는 동지가 지났으므로 이미 봄을 준비하고 있는데 느닷없이 차디찬 얼음물이 침투하였으니 뿌리가 화들짝 놀랐지만 때는 늦고 말았다. 화분 위에 쏟아진 얼음들을 즉각 걷어내 주었어야 했던 것이다. 나중에야 밖에 심어진 탐스러운 섬잣나무 일곱 그루와 50년생 스트로브잣나무 두 그루를 베어냈지만 소 잃고 외양간 고치는 격이 되고 말았다. 나는 죽은 매화둥치들을 춘삼월이 다 지나도록 치우지 않고 그 자리에 두고 날마다 한두 번씩 눈 맞춤을 하면서 지내다가 새싹이 제법 자란 다른 분매들이 민망해할까 봐 쓰라린 가슴을 달래며 그것들을 치우고 말았다. 나는 분매의 영혼들에게 다음 생애에는 추위에 얼지 않도록 따뜻하게 지켜줄 것을 굳게굳게 약속했다.

# 귀주성 오지 리보(荔波)의 탐매

중국 서남부 미얀마와 국경을 하고 있는 귀주성貴州省 리보(려파현荔派縣)는 중국의 56개 소수민족 가운데 36개 민족이 거주하는 오지 가운데서도 깊숙한 지역으로서 내가 찾아간 곳은 주로 포의布依족, 수족水族, 요족瑤族이 전체 인구의 86.5%를 차지하며, 인구밀도는 매 평방킬로미터당 40인밖에 안 되는 매우 한가롭고 청정한 지역이었다.

내가 이곳을 찾게 된 것은 2006년 1월 20일 귀주성에서 주최하는 매화박람회에서 '매화의 품종'에 대한 특강을 해 달라는 초청이 왔기 때문이다. 초청은 북경임업대학교의 이경위李慶衛 교수를 통해서 나에게 전달되었다. "모든 비용은 귀주성에서 부담할 터이니 꼭 참석해 달라"는 이 교수의 간곡한 부탁이 있었다.

갑작스러운 연락을 받고 망설이던 끝에 참석하겠다는 답신을 보내고 나서는 우선 발표할 논문과 영상자료 준비를 서둘러야만 했다.

▲ 논문 발표 장면

드디어 1월 19일 기다리던 출국날짜가 다가와 중국의 광동성 광주행 비행기에 올랐다. 약 3시간여의 비행 끝에 광저우 비행장에 도착한 나와 아내는 귀주행 고속버스를 탔다. 광주에서 귀주까지의 고속도로는 중앙분리대도 없는 2차선 도로로써 속력이 느린 수많은 장거리 대형화물 트럭들이 줄지어 달리기 때문에 고속도로로써의 제 기능을 다하지 못하고 있을 뿐만 아니라 곳곳에서 크고 작은 교통사고가 발생하여 지체와 서행을 반복하므로 정해진 시간에 도착할 것이라고는 생각할 수가 없는 실정이었다. 오후 3시쯤 광저우를 출발한 터라 비좁은 고속도로에서 야간 운행을 하면서 지칠 대로 지친 버스가 귀주에 도착한 것은 밤 9시경이었다. 주최 측에서 미리 준비해 놓은 호텔에 여장을 풀고 샤워를 하던 나는 갑자기 더운물이 나오지를 않은 바람에 찬물로 비눗물을 씻

▲ 귀주성 TV방송 취재 장면

느라 감기에 걸리지 않은 것이 천만다행이었다. 나중에 알아보았더니 이곳은 시간제로 온수를 공급하므로 잠깐 더운물이 나오다가 그친다고 했다. 더욱이 화장실은 중국의 재래식이었다. 리보에서 제일가는 호텔의 수준이 이 정도라는 것을 생각할 때 얼마나 시골 오지奧地에 와 있는가를 실감할 수 있었다.

다음 날 아침 회의장으로 안내되어 준비한 논문을 발표한 다음 리보의 매원과 소수민족 자치지역 내의 마을들을 돌아보았다. 여기에는 귀주성 리보현 인민정부의 부현장인 주여경周麗琼 여사와 리보현 인민정부 부서기겸副書記兼 대리현장代理縣長인 진주표陳裯彪 씨 및 관계관들과 귀주성 TV방송 취재진이 동행하였다.

리보지역의 야생 고매들은 여러 곳에서 발견할 수가 있었지만 조성되어 있는 매원은 대략 15년 이내인 최근에 심은 것들이 많았고 매화나무의 크기가 근원직경 15㎝ 안팎에 불과했다. 그나마 매원에 심겨진 품종들은 모두가 매실을 채취하여 열매를 조제한 다음 파종하여 얻은 실생實生 매실 나무들이었다. 그럼에도 워낙 땅이 넓은 나라이기 때문에 조성되어 있는 매원들의 규모는 대부분 10만여 평이 넘는 것들이 많았다.

나는 발표 논문에서도 언급했지만 매원을 조성함에 있어서 품종의 선택이 얼마나 중요한 것인가를 동행한 현청의 부 현장과 부서기 및 관계직원들에게 누누이 강조하고 설명해 주었다. 점심때가 되어 나는 그들이 안내하는 대로 산골의 보이족 전통가옥에 들어갔다. 집은 흙을 짓이겨 벽채를 만들고 출입문은 없었으며 지붕

▲ 보이족이 준비한 최고의 접대용 점심 상차림, 왼쪽 세번째 현장(縣長)대리, 다음이 필자

은 나뭇가지와 갈대로 엮어서 덮었다. 준비된 점심상은 출입문이 없는 우리나라 옛 농촌의 헛간과 같은 곳의 흙바닥에, 네모나고 아주 작은 그들만의 밥상을 놓고 가운데는 나무를 태워 만든 숯불을 피워 음식을 끓이는 조그마한 화덕이 있으며, 초등학교 학생들이 쓸법한 작은 의자에 엉덩이만 간신히 얹고 앉아 음식을 먹는 것이었다. 준비된 음식은 야생 멧돼지 고기를 부위별로 구분하여 햇볕에 말려서 저장해 두었다가 귀한 손님이 왔을 때 대접을 한다고 하는데 이와 같은 고기와 무, 감자 등을 넣어서 끓인 탕을 중심으로 또 다른 부위의 멧돼지 고기를 볶은 것, 산나물을 무친 것 등에 잡곡밥이 전부였다. 그렇지만 공기가 맑고 청정하기 그지없는 산골에서 먹는 점심은 그 어떤 진미보다도 더욱 맛이 있고 훌륭한 오찬이었다.

귀주성 리보현의 인민정부 부서기겸副書記兼 대리현장代理縣長인 진주표陳椆彪 씨는 점심을 하면서 매실의 품종개량에 대하여 많은 관심을 나타내었다.

나는 우리나라의 경우도 과거에 재래종 실생 매실을 심었거나 개량종을 심었더라도 품종이 토질이나 기후환경에 적합하지 않은 것 들을 뒤늦게나마 새롭고 좋은 품종으로 개량하느라고 많은 경제적 손실을 감수하면서도 모두 잘라내거나 파내고 있다는 사실을 알려 주었고, 그들은 지금이라고 이미 식재되어 있는 것들을 뽑아내고 새로운 품종을 심고 싶다면서 '한국매화연구원'과 매실 품종개량에 관한 협약을 체결하여 적극적으로 협조해 줄 것을 요청하기도 했다.

나는 그러한 사업이 불가능한 것은 아니지만 우선 지리적으로

▲ 리보 현청에서 제공한 공안 차량과 운전기사 그리고 필자와 아내

너무나 먼 거리이고 특히 리보에는 비행장이 없어서 왕래가 불편하다고 했더니 앞으로 3년 후에는 현재 공사 중인 비행장이 완공이 된다고 했다. 앞으로 더욱 긴밀한 연락과 협조로 리보현의 매실 품종 개량사업을 연구발전시켜 보자는 약속을 끝으로 헤어졌다.

오후에는 처음으로 접해 보는 소수민족의 생활상과 그들이 사는 지역의 아름다운 풍광들을 관광하는 시간을 가졌다. 생업은 논농사와 밭농사를 주로 하지만 더러는 가축을 기르고 닥나무를 이용하여 수작업으로 종이를 만들기도 한다. 생활상은 원시적인 것 같지만 축제 때의 복장은 참으로 화려하고 무엇보다도 그들의 표정은 맑고 순한 양 같았다. 중국이라는 거대한 대륙의 한 귀퉁이에서 13억 인구의 일원이 된 이들에게도 민족의 자긍심과 원대한 꿈을 꾸며 살아가는 모습을 보면서 나는 중화사상의 찬란히 빛날

미래를 엿볼 수 있었다.

귀국할 때에는 갈 때에 광저우에서 리보까지 가는 고속도로에서 2차선 도로라서 짐을 많이 실은 대형 트럭들이 10여 대씩 때를 지어 서행하다 보니 길이 막혀 많은 고생을 했다는 것을 알고 귀주성 현청의 공안부에서 차량을 제공해 주었다. 2차선 고속도로를 달리면서 반대편 차선으로 오는 차량이 없으면 운전기사는 사이렌 소리를 내면서 앞서가는 차량을 추월하여 달리는 바람에 불편한 고속버스로는 적어도 5시간 이상 걸리는 거리를 편안하게 3시간 동안에 광주까지 올 수 있었다.

# 태각매의 번식

태각매台閣梅는 꽃 속에 꽃이 피는 희귀 품종으로 지구상에 단 한 가지밖에 없는 매화다. 그러니까 먼저 꽃이 피고 나면 그 꽃 가운데에 또 하나의 꽃봉오리가 생겼다가 다시 피는 일화이개성一花二開性 꽃이다. 꽃 색깔은 홍색, 백색 두 가지가 있으며, 꽃잎은 중엽이고 꽃의 크기는 대개 지름 2.9㎝이다. 꽃받침은 백색의 경우 녹악綠萼 이며 홍색은 붉은색이다.

태각매의 어미나무는 중국의 운남성 곤명시 흑룡담黑龍潭 공원 안에 있으며 나무의 높이는 5.3m이고 수관폭은 3.8m이며 근원직경이 127.5㎝(2005년도 필자가 방문 당시)수령 약 600년생으로서 이곳에서는 '홍배포자紅胚抱子' 로 불리웠으나, 1998년 북경임업대학교 진준유 교수가 '태각매台閣梅' 로 명명하면서 유명해졌고, 그때부터 각광을 받기 시작했다. 이러한 태각매는 대만으로 간 장개석의 국민당 간부들의 휴양지였던 곤명시 제2인민병원(강복의

▲ 태각백매

▲ 태각홍매

원康福醫院)에도 내가 방문했을 당시에는 수령 약 300년생이 5주가 있었다.

이 매화가 희귀종으로 알려지면서 중국의 최대 매화품종연구센터인 무한의 동호매원에서는 본격적인 번식에 들어갔다.

나는 이 매화를 우리나라에서도 많은 애매가들이 즐겨 감상할 수 있도록 하려고 묘목을 들여와 번식하기로 마음먹고 우선 북경 임업대학교 진준유 교수와 협의를 했다. 나의 간절한 소망을 알고 난 진 교수는 동호매원의 최고 책임자인 장보張寶라는 사람을 소개해 주었고 나는 곧장 그에게 달려가 묘목 2주씩을 부탁했으나, 줄 듯하다가도 다음 날 찾아가면 다른 핑계를 대면서 자꾸 미루더니 나중에는 묘목은 줄 수 없고 접수를 2개씩 줄 터이니 가져가 접목하여 번식하라고 했다. 하는 수 없이 길이 약 45㎝가량의 접수 각 2개씩을 얻어서 비행기로 오는 동안 마르지 않도록 젖은 헝겊으로 접수를 두른 다음 비닐로 밀봉을 하여 가방에 넣어 가지고 왔다.

정성껏 절접을 하여 홍, 백 각각 10그루씩의 묘목을 얻게 되었다. 태각매는 생육환경과 기후조건에 따라 태각의 형태가 나타나지 않는 경우도 있다고 하므로 건강하게 길러야 할 것이다.

# 금강산金剛山 매화梅花

우리의 문학사를 살펴보면 금강산을 소재로 하여 기록된 글들이 대단히 많은 것을 알 수 있다. 안축의 「관동별곡」과 정철의 「관동별곡」을 비롯하여 남효은의 「금강산기행」, 황현의 「금강산묵」, 이곡의 「동유기」, 최남선의 「금강예찬」 등 이 외에도 많이 있다. 그 가운데서도 육당 최남선이 금강산을 읊은 시는 도서관 하나를, 금강산을 그린 그림은 미술관 하나를 채우고도 남을 정도라는 말이 있듯이 금강산에 대에 비교적 상세하게 기록하고 있다.

율곡 이이(1536~1584)는 19세 때 금강산에 들어가 「풍악행楓岳行」의 장편을 비롯한 「만폭동萬瀑洞」등 10여 편의 기행시를 남겼다. 「풍악행」의 기행시는 600구句 3000언言으로된 된 장시로써, 풍악의 절경을 사실대로 묘사한 것이다.

기행시 하면 당나라의 시성인 두보가 지은 140구 700자의 장편

고시 「북정」을 제일로 치지만, 율곡의 「풍악행」은 시로써 산문을 대신한 대작이라 아니할 수 없다.

그 가운데 제2단 22단락 473구句에서부터 504구句에 이르는 시는 풍악의 수려하고 장엄한 경관에다 계절의 아름다움까지 어우러진 금강산의 "풍화설월風花雪月"의 장관을 한눈에 볼 수 있는 구절로써 특별히 금강산에 매화가 있었던 것을 알 수 있다.

승언차산경僧言此山景　스님이 말하기를
사시개청승四時皆清勝.　사철 내내 다 맑아 좋다고 하네.
염양이세간炎凉異世間　기온이 세간과는 사뭇 달라서
음기춘유성陰氣春猶盛.　찬 기운은 오히려 봄에 심하죠.
부화개토예浮花豈吐蘂　그러니 꽃들이 필 수 있겠소
지유한매영只有寒梅瑩.　오로지 매화만 필 뿐이지요.
산중사오월山中四五月　산중엔 사오월이 되어야지만
시유심춘흥始有尋春興.　비로소 봄내음 맛을 보지요.
층애천만장層崖千萬丈　천만 길 벼랑 끝 낭떠러지에
척촉화상영躑躅花相暎.　화사한 철쭉꽃 흐드러지고.
대지입홍려大地入紅鑪　대지가 온통 붉게 물이 들어도
납승유고냉衲僧猶苦冷.　스님은 추위에 시달린다오.
박연불침인撲緣不侵人　속세의 지저분함 침범치 않아
창승절형영蒼蠅絕形影.　쉬파리 그림자도 볼 수 없다오.
추풍래고조秋風來苦早　가을은 왜 그리 일찍 오는지
낙엽전석경落葉塡石逕.　낙엽이 돌길을 수북 메우고.
봉만수생능峯巒瘦生稜　봉우리는 앙상하게 모가 나는데
소월증경경素月增耿耿.　휘영청 달이 뜨면 더욱 밝다오.
송림간풍수松林間楓樹　소나무 사이로 단풍이 들면

홍벽분무수紅碧紛無數. 온 산이 불그레 혼란스럽고.
수락로위암水落露危巖 물이 빠면 드러난 바위 사이로
격격파성노激激派聲怒. 거세차게 부딪치며 흘러가지요.
동한수관교冬寒水官驕 겨울이면 수관이 교만 부리고
적설고천주積雪高天柱. 쌓인 눈은 천주보다 높다니까요.
연생지유사煙生至有寺 연기가 나는 곳엔 절이 있지만
문애난개호門礙難開戶. 문이 막혀 나들기가 쉽지 않지요.
비여별세계譬如別世界 여기를 별천지에 견주는 것은
백은위국토白銀爲國土. 모두가 은빛으로 되어서라오.
취회열기행翠檜列幾行 푸르른 전나무 줄줄이 서서
수발수창랑鬚髮垂滄浪. 잎들이 물결에 드리운다오.
군호불견차君胡不見此 어째서 그대는 이를 보잖고
반사귀고향反思歸故鄕. 고향에 돌아갈 생각만 하오.

나는 오래전부터 한국의 매화를 탐매하고 우리나라의 매화를 이야기하면서 북한의 것을 함께하지 못한 것을 늘 안타깝게 여겨왔었다. 분단의 아픔을 안고 살아가는 조국의 현실 또한 비통함을 금할 수가 없었다.

나름대로 북한의 매화를 찾아보고 싶은 생각에 백방으로 노력을 했지만 허사였다. 어찌하면 평양까지는 갈 수 있다손 치더라도, 그 밖의 지역은 마음대로 왕래할 수가 없다는 것이다. 더욱이 카메라를 둘러메고 북한의 시골 농촌을 찾아 매화를 탐매하는 일은 꿈같은 애기라고들 했다. 오래전에는 중국외교부의 외교관으로 평양에 근무하던 안옥상(한족) 씨를 알게 되어 그분을 통하여 평양의 저명한 식물학자들에게 매화에 대한 자료와 김일성대학을 비롯한 평양의 주요 도서관에 매화에 관한 문헌자료 등을 부탁했으나 여의치 않았다.

2004년도에는 북경임업대학교 진준유 교수가 북한의 건설국장이라는 장성국張成國 씨에게 소개서를 보내서 나를 북한에 초청하여 탐매할 수 있도록 협조해 줄 것과 관계 자료를 수집해 주도록 부탁했으나 뜻을 이루지 못하였으며, 북경임업대학교 임업대학원장 장계상 박사의 제안에 따라 북경임업대학의 '북한식물탐사반'이 북한지역 식물에 대한 학술탐사를 실시할 예정이므로 그 기회에 탐사반의 일원으로 함께 갈 수 있도록 해 보자는데 합의를 해놓고 있는 상태이다.

그동안 '이북5도민회'와 원로 실향민 등을 만나 탐문하고, 온갖 북한자료를 통하여 나름대로 조사해 보기도 했다.

평안남도 및 평양과 원산을 잇는 지역의 이남에는 매화의 생장이 가능한 것으로 보이며, 옛날에는 이보다 훨씬 북쪽인 압록강 유역에서도 생장하고 있었던 것으로 알려지고 있고, 황해남도 서해안 지방에는 제법 커다란 고매들도 있었다고 한다.

회양(강원도)지방에서는 "매화를 심으면 살구로 변하기 쉽다"라는 이야기가 전해오고 있는데, 이는 살구에 접목한 매화가 추위에 얼어 죽게 되면 내한성이 강한 대목인 살구만이 살아서 생장하기 때문일 것으로 생각된다. 실제로 평양시내 가로수는 살구나무가 많은 것으로 알려지고 있다.

내가 북한지역의 매화가 분포되어 있을 것으로 생각되어 중점적으로 탐매하고자 하는 지역은 황해남도 해주지역은 부용당, 수양산(북한식물보호구역), 몽금포지역, 구월산, 장산곶지역이며, 강원도 원산지역은 송동원지역, 국섬주변, 시중호주변, 설봉산 기슭 석왕사주변, 안변군 안변읍에 있는 가학루와 경기도 개성시 지역으로는 송악산 기슭에 있는 광덕정, 숭양서원, 선죽교, 대흥산성. 관음사, 연복사주변과 몇몇 고택과 서원이 있었던 곳이다.

그렇게 안타까움과 기다림 속에서 율곡의 금강산 풍악행의 시를 읽고 나서는 2005년도에 당장에나마 가볼 수 있는 금강산 어디엔가에 매화가 있을 거라는 막연한 기대를 안고 떠났다.

온정리 주변을 비롯한 인근 북한 주민들이 거주하는 지역을 망원경으로 샅샅이 살펴보았으나 매화는 눈에 띄지를 않았고, 비로봉이며 만물상 등지에서도 찾아볼 길은 없었다.

온정리에서 삼일포를 향하여 원산행 기차 철둑길을 넘어서 한참을 가는 길목에는 제천 사과 작목반에서 지원하여 재배되고 있는 사과밭이 제법 널따랗게 조성되어 있다. 바로 건너편 쪽에 소년들이 흙먼지를 날리면서 뛰어 노는 모습으로 보아 삼일초등학교인 듯한 건물이 있고, 넓은 운동장 주변으로는 키가 큰 미루나무, 아카시아, 프라타나스와 참나무 등이 혼재하고, 그네며 철봉

▲ 금강산 상팔담

이 세워진 곳 가까이에는 가지가 어느 정도 정돈(전정)이 된 매화나무 한 그루가 있었다.

나무의 높이는 5.5m 정도이고, 수관폭은 3.5m 정도로 빈약한 편이며, 근원직경은 60cm가량 되는 수령 약 150년생의 홍매화인 듯하다.

버스가 4~50m가량 가까이 스쳐 지나갈 때에 사진을 찍으려고 했으나 바로 가까운 곳에 줄지어 서 있는 깡마른 인민군들에게 발각되면 혼 줄이 빠지도록 고생을 한다는 말에 엄두를 내지 못했다.

다음 행선지는 해금강 바닷가에 지천으로 피어 있는 선홍빛 해당화에 혼을 빼앗겼다가, 삼일포로 향했다.

고려 말의 문신 안축安軸(1287~1348)의 기문에 보면, 삼일포는 고성 북쪽 7~8리에 있는데 밖으로는 중첩한 봉우리들이 둘러쌌으며 그 안에 서른여섯 개의 봉우리가 있다. 동학洞壑이 맑고 그윽하며 소나무와 돌이 기이하고 옛 되다. 물 가운데 작은 섬이 있고, 푸른 돌이 평평하니 옛날 신라의 화랑이었던 영랑永郎, 술랑述郎, 안상安詳, 남석행南石行 등 네 사람이 일찍이 관동의 여러 명승을 두루 찾아다니며 놀다가 이곳에 와서는 돌아가기를 잊고 사흘 동안이나 머물렀다고 하여 삼일포라고 한다. 물 남쪽에는 또 작은 봉우리가 있고, 봉우리 위에 작은 돌 감실(龕)이 있으며, 봉우리의 북쪽 벼랑 벽에 단서丹書 여섯 자가 있으니 '영랑도남석행永郎徒南石行' 이라 하였다. 작은 섬에 옛날에는 정자가 없었는데 존무사存撫使 박공朴公이 그 위에 지으므로 사선정四仙亭이라고 했다.

고려 충숙왕 때의 문신인 김구용金九容(1338~1384)이 삼일포에서 읊은 시를 보면

"물 가운데 정자는 고요하매 세상생각 엷어지니
구름 사이에서 신선 부를 듯.
다행이도 사군使君(원님)의 마음이 저 달 같으니
난간을 의지하여 종일토록 돌아갈 줄 모르네.
서른여섯 봉에 가을비 개니
한 구역의 선경이 맑기도 하구나.
날이 기운다고 쉽사리 배 돌리지 말 것이
단풍나무 언덕
소나무 물가에서 달 밝기를 기다리자구나."

나는 아침나절 이곳으로 올 때에 삼일리 주변에 매화나무가 있다는 것을 망원경을 통하여 확인했기 때문에 가는 길에는 어떻게 해서든 촬영을 하리라 맘먹었는데 어렵게 되었다. 삼일리 앞에는 청소년 티를 갓 벗은 듯한, 검게 타고 깡마른 인민군 경비병들이 군데군데 서 있는 것이 여간 맘에 걸려 사진 찍기를 포기할 수밖에 없었다.

차창 밖으로 자세히 살펴 본 바로는 '삼일포 보통중학교' 건물 앞 현관 양쪽에도 나무높이 5.0m, 수관폭 4.8m이며 근원직경이 35㎝가량 되는 수령 약 50~60년생의 매화나무 두 그루가 층층나무와 함께 자라고 있는 것을 보았다.

최근 판문점에서 남북 정상회담이 잘되어 가는 것을 보고 내가 생각한 것은 하루 속히 남북의 왕래가 자유로워져서 북한의 탐매를 할 수 있기를 바라는 것이다. 내 나이 팔순이 다 되어 가는데 분명 그날이 올 것임을 확신하기 때문에 건강을 무엇보다도 앞서 챙겨야 할 일이다. 북한 땅 곳곳을 돌아다니며 매화를 찾기 위해서는 영육 간에 강건해야 할 것이다.

# 합리매閤裏梅

세상에는 수많은 매화품종이 있는 것으로 알려지고 있다. 중국은 매화의 종주국이면서 꾸준한 품종 개량과 보존에 힘쓰고 있다.

중국의 매화품종은 300여 개의 화매품종花梅品種 외에 60여 개의 과매품종果梅品種이 있는 것으로 알려지고 있다.[1] 그러나 2003년도에 필자가 중국의 최대 매화품종연구센터로 알려진 무한武漢의 마산매화품종원磨山梅花品種園을 방문했을 때, 당시 연구소 소장의 말에 의하면 32개의 새로운 품종을 개발하여 품종 등록을 추진 중에 있다고 하였다. 이렇게 볼 때에 중국의 매화품종은 모두 392개의 품종에 이른다고 할 수 있다.

한편 일본은 동경군방원東京群芳園 마스이 요시아키(增井義昭)의

---

1) 王其超 · 包滿珠 · 張行言, 『中國名花叢書 梅花』, 상해과학기술출판사, 1998.

논문에 의하면 에도시대江戶時代(1750년)에 이미 400~500종의 품종이 개발되었다[2]고 하였고, 센세이 게이다이로우(淺井敬太郎)의 『매의연구梅の研究』(일본문화 제8호日本文化 第8號 1936)에는 506종이 있는 것으로 기록되어 있다.[3] 현재 일본의 매화품종은 화매花梅 300종, 실매實梅 100종이 있는 것으로 알려지고 있다.[4] 그러나 필자가 2006년 일본 최대의 매화품종원梅花品種園인 '세계의매화공원世界の梅花公園'을 방문했을 때 일본 매화품종은 315종이라는 기록과 함께 이러한 품종 모두가 이곳에 식재植栽 배양培養되고 있음을 확인할 수 있었다.

우리나라는 삼국시대인 고구려 대무신왕大武神王 24년(서기 41년) 매화에 관한 기록이 처음으로 있고 나서 매화의 품종에 대하여는 인제仁齋 강희안姜希顔(1417~1464)이 쓴 최초의 원예서라고 할 수 있는 『양화소록養花小錄』에 열 가지 종류와 유희柳僖(1773~1837)의 『물명유고物名類考』에 열 가지의 품종이 있는 것으로 기록되었으며, 유박柳璞(1730~1787)이 쓴 『화암수록花菴隨錄』에는 21종의 품종이 명시되어 있다. 이 밖에도 서유구徐有榘(1764~1845)의 『임원경제지林園經濟志』 예원지藝園志에도 매화품종에 관한 기록이 있으며, 이익李瀷(1681~1763)의 『성호사설星湖僿說』에는 옥매조玉梅條에서 촉칠蜀漆과 상산묘常山苗라는 매화에 대한 기록이 있다. 유득공柳得恭의 『경도잡지京都雜誌』 화훼조花卉條에는 푸른 꽃받침의 수양매 품종이 기록되어 있고, 이유원李裕元(1814~1888)의 『임하필기林下筆記』에는

---

2) 有岡利幸, 『梅 II』, 재단법인 법정대학출판사, 1999.
3) 淺井敬太郎, 『梅の研究』(日本文化 第8號), 1936.
4) 松本纊齋, 『梅百科』, 주식회사 보육사, 1996.

월사매月沙梅가 있다. 다산茶山 정약용丁若鏞(1762~1836)은 겹으로 피는 것을 천엽매千葉梅, 홑으로 피는 것을 단엽매單葉梅라고 했다.

최근 한국매화연구원韓國梅花研究院(원장院長 안형재安亨在)이 발행한 『매화보梅花譜』(2009, 梨花文化出版社)에는 최초로 한국매화의 분류기준과 조사 유형 등이 상세히 기록되어 있으며 모두 194개 품종이 국내에 분포되어 있는 것으로 나타나 있다.

이렇듯 다양한 매화품종들 가운데는 다른 매화꽃과는 확연히 다른 품종이 있다.

조선 고종 13년(1836)에 박효관朴孝寬과 안민영安玟英이 엮은 시조집인 『가곡원류歌曲源流』에 보면

> 전촌前村에 계성골鷄聲滑ᄒᆞ니 봄소식이 갓가왜라
> 남창南窓에 일난日暖하니 합리매閤裏梅 푸르렀다.
> 아희兒禧야 잔盞 가득 부어라 춘흥春興 계워 ᄒᆞ노라.[5]

라는 시조 가운데 '합리매閤裏梅' 라는 이름이 나타나고 있음을 볼 수 있다.

이 시조를 지은 당대의 가객이었던 운애雲崖 박효관朴孝寬(1800~1880)은 운애산방雲崖山房(종로구 고간동(현 내자동))에서 주로 활동하였다[6]고 전해지고 있으며, 지금의 배화여자고등학교 본관 뒤뜰에는 암벽으로 된 누대가 있으며, 암벽에는 '필운대弼雲臺' 라는 글씨가 새겨져 있고, 그 옆에는 '필운대풍월弼雲臺風月' 을 이끌었던

---

5) 朴孝寬 · 安玟英, 『歌曲源流』,(국악원본.193) 1836.
6) http://sambolove.blog.me/150134177745

박효관 등 8명의 이름도 새겨져 있음을 볼 때 박효관이 이곳을 은거지로 삼았던 것을 알 수 있다.

노래하는 스승(박효관)과 춤추는 제자였던 구포동인口圃東人 안민영安玟英(1816~?)은 서얼 출신으로 성품이 고결하고 멋이 있으며, 산수山水를 좋아하고 명예나 이익을 찾지 않았다. 박효관朴孝寬과 함께 시가집『가곡원류歌曲源流』를 편찬하여 시조문학을 정리하였고, 박효관朴孝寬에게서 창법唱法을 배웠고 떠돌아다니며 노래를 짓고 음률音律에 정통했다. 주로 즉흥적인 풍경을 노래했고 제재를 넓게 썼는데, 그중에서도 매화를 주제로 한 것이 가장 많다.

이 두 사람이 펴낸『가곡원류歌曲源流』에 '합리매閤裏梅'가 등장한 것은 이례적인 일이 아닐 수 없다. '합리매閤裏梅'에서 '합閤' 자字는 '한한 이상대옥편漢韓 理想大玉篇'에 보면 '내중소문內中小門'이라고 하여 가운데에 작은 문이 또 있다는 것과, '소실자小室子 침방'이라 하여 '방 안에 작은 방이 하나 더 있다'는 뜻을 나타내고 있다. 다락집 '각閣' 자字와도 통한다고 되어 있다. 그러므로 '합리매閤裏梅'는 요즈음의 이름으로는 '태각매台閣梅'에 해당하며, 박효관朴孝寬과 안민영安玟英이 살았던 19세기에 우리나라에도 '합리매台閣梅'가 있었던 것을 알 수 있다.

'태각매台閣梅'는 꽃이 핀 가운데에 또 한 송이의 꽃이 있는 일화이개성一花二開性인 매화꽃을 말한다. 이 매화의 어미나무는 중국의 운남성 곤명시에 있는 '흑룡담' 공원의 600년생 '홍배포자紅胚抱子'이며, 1998년 북경임업대학교 진준유(1917~2012) 교수가 '태각매台閣梅'로 명명하면서 그때부터 많은 사람들로부터 각광을 받게 되었고 더욱 유명해졌다.

필자가 2005년도에 중국의 서남지역 탐매 여행 시 이 매화나무

합리매(홍매) ▶

를 직접 찾아가 구경하였고 홍색과 백색 두 가지가 있으며 백색은 꽃받침이 녹색이라는 것을 알았다.

나는 8년 전에 중국 무한武漢의 마산매화품종원磨山梅花品種園에서 '태각매台閣梅' 홍, 백의 접수를 얻어와 접목 번식하여 19세기 『가곡원류歌曲源流』에 기록된 '합리매閤裏梅'로 복원하여 기르고 있다. 참 아름다운 매화다.

# 황학루와 동호매원

중국 호북성의 성도이며 화중지방의 9개성을 연결하는 무한은 인구가 600만이나 되는 대도시다. 무한은 양자강이 동서를 횡단하고 경광철도(북경~광주)가 남북으로 관통하는 교통의 요지이기도 하다.

무한의 동남쪽에 자리한 동호는 넓이가 87㎢나 되는 아름답고 바다처럼 광활한 호수다.

무한하면 강남의 삼대 명루(호남성 악양의 악양루岳陽樓, 강서江西 남창南昌의 등왕각騰王閣) 가운데 하나인 황학루黃鶴樓를 들지 않을 수 없다. 황학루는 삼국시대인 오吳나라의 황무黃武 2년(서기 223년)에 손권孫權이 군사적인 목적으로 사용하기 위하여 세운 망루이다.

휘황찬란한 금박의 기둥과 큰 폭의 예술품으로 장식된 각 층의 아름다움은 보는 사람을 놀라게 한다. 1층 벽면에 타일로 장식된

▲ 필자가 묵었던 동호 동로에 있는 동호호텔에서 바라본 동호의 모습

'백운황학白雲黃鶴' 은 강렬한 채색과 함께 웅대함에 매료된다. 아래 부분에는 매화가 활짝 피어 있는 모습을 볼 수 있다.

공원에 들어서면 우측으로 '낙매헌落梅軒' 이라는 현판이 보인다. 낙매헌이라는 이름은 이태백李太白의 시에서 유래한다.

### 여사랑중흠청황학루상취적與史郎中欽聽黃鶴樓上吹笛

일위천객거장사一爲遷客去長沙 한 번에 좌천된 나그네 장사로 떠나가며

▲ 백운황학도

서망장안불견가西忘長安不見家 서쪽 장안을 바라다보니 집이 보이질 않네

황학루중취옥적黃鶴樓中吹玉笛 황학루 안에서 옥피리를 부는데
강성오월락매화江城五月落梅花 강성 오월에 매화가 지는구나.

황학루에서 피리를 불면 학이 하늘로 날아올라 갔다는 전설과 같이 벼슬자리에서 승진하지 못하고 매화꽃이 지는 것처럼 좌천당한 자신의 처지를 비관하면서 지은 시다.

안으로 들어서면 여러 그루의 매화나무가 예쁜 꽃망울을 터뜨리고 있으며, 두 마리의 황학동상은 마치 절강성 서호의 방학정에 있는 두 마리의 학을 연상케 한다.

무한시 인민위원회의 주선으로 일본에서 온 요시다 교수와 2년 전 일본의 미야기현 센다이시에 갔을 때 자신의 매원으로 초청해 주었던 사또 씨와 함께한 황학정 관광은 장엄한 낙조의 광경을 바라보면서 아쉬움을 뒤로하고 돌아왔다.

무한에서는 2005년 2월 1일부터 제9기 중국매화나매전과 국제매화학술회의가 열렸다. 2001년도 무석无锡에서 있었던 '국제매화학술회의' 시 마산동호매원의 '중국매화연구센터' 소장을 맡고 있던 조수변趙守邊(교수급공정사) 선생이 비행기 편과 호텔 등을 예약해 놓고 초청해 주었으나 나의 개인적인 사정으로 인하여 그때 방문하지 못하고 선생이 세상을 떠난 후(2003년 10월 작고) 이제야

▲ 황학루 공원

▲ 황학루에 있는 도자기 매화(소나무, 매화, 대나무, 학)

이곳을 방문하고 보니 조수변 선생이 없는 동호매원은 너무나도 쓸쓸하고 텅 빈 것만 같았다. 다만 평생 매화와 더불어 깊은 우정을 나누어 오던 북경임업대학교 진준유 교수와 함께 서 있는 '매우동상梅友銅像'이 반가이 맞이해 주었다.

나는 동상 앞에서 한참 동안 고개 숙여 묵념하는 가운데 평소 자상하게 매화의 품종개량에 대하여 알려주시고, 특별히 한국의 매화에 관심이 많으셨던 조수변 선생님의 명복을 빌었다. 그의 조용하고 인자한 모습과 고고했던 인품을 다시는 볼 수 없지만 매화와 더불어 일생을 살아가는 나의 가슴속에는 언제나 함께 있다고 할 수 있다.

방학정放鶴亭과 방계芳溪 앞에 있는 이 동상은 조수변 선생의 생전에 세워진 것으로 중국인들이 매화와 관련하여 두 사람을 얼마나 존경하고 있는지를 가늠할 수 있다. 실제로 진준유 교수와 조수변 선생은 오늘날 중국인들이 자랑하는 세계적인 매화의 권위자들이며, 동호매원을 개척한 개척자이자 중국매화연구센터의 창시자들이다. 두 사람은 평소 친한 친구였으며, 매화에 미친 사람이라는 뜻으로 「매치梅痴」라는 애칭으로 존경을 받는다.

동호매원은 중국의 4대 매원(남경南京 매화산, 항주杭州 고산매원, 无锡 태호매원) 가운데 하나다. 이 매원에는 입구 쪽에 매화문화관이 있어서 매화와 관련된 시, 서, 화의 작품들이 전시되어 있으며, 매화에 관한 역사와 문화의 향기를 맛볼 수 있다.

또한 방학정放鶴亭과 냉염정冷艷亭, 강남제일지江南第一枝 춘관 등의 시설들이 있어 찾는 이들에게 많은 볼거리들을 제공하고 있다.

동호매원은 1956년에 조성되었으며 전체 면적이 792,600㎡(약

▲ 2001년 무석 국제매화학술회의 시 조수변 선생과 함께

24만 평)에 약 30,000그루의 매화가 식재되어 있고, 품종은 320종이며, 100년 이상 된 매화가 200주가량이 있다. 이 가운데는 조수변 선생이 전국 각지를 돌아다니며 손수 수집한 74개 품종 2,000여 그루가 있다. 또한 국제매화품종으로 등록된 200종 가운데 142개 품종이 이곳에 있다.

동호매원은 1983년부터 해마다 춘절(중국인의 설 명절)을 전후하여 매화축제가 열리고 있으며 국내외에서 수많은 매화 애호가들이 즐겨 찾는 세계적인 매화의 명승지이기도 하다. 평소 매화를 아끼고 사랑했던 마오쩌둥毛澤東(1893~1976)은 세 번씩이나 동호매원에 와서 매화를 감상하였으며, 1984년도에는 일본의 나카소네(中曾根) 전 수상이 이곳을 찾기도 했다.

▲ 조수변 선생과(왼쪽) 진준유 교수(오른쪽)의 매우상梅友像

▲ 매우동상에 대한 안내문

나는 진준유 교수의 배려로 동호매원이 자랑하는 '태각매台閣梅'의 홍, 백 각 한 가지씩을 얻어와 한국매화연구원에서 번식하여 배양하고 있다. 태각매는 꽃 속에서 다시 꽃이 피는 일화이개성一花二開性 희귀종으로 운남성 곤명에 있는 흑룡담 공원에 있는 것을 진 교수가 발견하여 명명한 아름다운 꽃이다.

무한시는 매화를 시화市花로 지정하여 모든 시민들이 매화꽃을 아끼며 사랑하고 있다.

# 영주매원 조성

40여 년간 매화 인생을 살아오면서 항상 마음속에 염원해 왔던 것은 우리나라에도 훌륭한 매화공원을 하나 만들어 봤으면 하는 것이었다. 20여 년간 중국과 일본 등의 유명 매원을 수십 곳을 돌아보면서 나도 내 나름대로 생각하고 구상해 왔던 매화공원을 꼭 만들어야겠다고 마음먹고 오랫동안 여러모로 준비를 해 왔다.

우선 전국을 돌아다니면서 오래된 매화 거목을 70여 주를 수집하였고, 160여 품종 약 2,200여 주의 매 품종원 조성용 묘목을 배양해 놓았으며, 수양매도 5개 품종 약 270여 주를 확보하여 수양매원을 조성할 소재를 확보하였으며, 분매는 최소 40년생에서 450년생에 이르기까지 163품종 361점을 기르고 있고, 매화 박물관 전시용 유물 약 300여 점을 준비했으며, 매화공원 조성을 위한 여러 가지 조경 모델도 준비해 놓았다.

매화공원을 조성하기 위해서는 무엇보다도 우선 토지가 필요했다. 최소 60,000여m²는 되어야 한다고 생각했다. 물론 중국과 같이 넓은 나라는 무한 동호매원이나 성도의 무석매원, 곤명의 흑룡담 매원은 적어도 300,000m²가 훨씬 넘을 뿐만 아니라 청도의 황룡 매원은 무려 7,500,000m²(약 250만 평)의 부지에 조성되어가고 있는 것을 볼 수 있고, 일본만 하더라도 효고현의 '세계매화공원'은 72,000m²(7,3ha)이고, 인근에 있는 아야베 매원은 290,000m² 이며 이바라끼 매원은 약 90,000m²인 것을 생각하면 내가 계획한 것은 그렇게 넓은 면적이라고 할 수는 없다.

공원의 위치는 어디로 정할 것인가? 이것저것 생각해 보고 따져 본 나머지 유교儒教의 고장 안동으로 정했다. 안동은 유교문화의 본 고장이라고 할 수 있으며 특별이 일생 동안 매화를 혹독할 만큼 사랑했던 퇴계 이황의 고장이라는 것도 부지 선정 이유 가운데 하나라고 할 수 있으며 전국의 땅값 가운데 비교적 싼 고장이기 때문이다.

안동지역의 부지 위치는 대략 와룡면과 풍산면 지역으로 결정하였다. 와룡지역은 안동 시내에서 도산서원으로 가는 길목이며 토질이 석비례 토질로써 매화가 생육하기에 좋은 양질토이며, 풍산지역은 중앙고속도로 IC에서 가깝고 역시 토질이 양호하기 때문이다.

토지는 농지(밭)보다는 비교적 값이 저렴한 임야(야산)를 구입하여 개발할 계획을 세웠다. 그럼으로 토지를 알아보기 전에 우선 관계행정기관인 안동시청 산림과를 찾아가 사정을 이야기하고 협조를 부탁했다. 그곳에서는 외지에서 찾아간 나를 반가이 맞아 주면서 필요하다면 시청에 근무하다가 퇴직하여 부동산 사무실을 운영하는 사람을 소개해 주겠다고 하여 나는 쾌히 승낙하고 두 사람을 소개 받아서 본격적인 토지 물색에 들어갔다.

내 마음에 맞는 면적과 가격대와 토지의 배향(동남향이어야 함)

과 고도 및 등고선과 진입로 등을 맞춘다는 것이 쉬운 일이 아니었다. 가격이 적정하다 싶으면 관광객이 접근하기 곤란한 산골이거나 경사도가 높고, 마음에 드는 토지다 싶으면 마을 인근이라서 주민의 민원 때문에 개발이 불가능한 곳이라서 어려웠다.

안동 현지에서는 여러 마을에 사람을 풀어 매물을 찾는 대로 답사를 오라고 전화가 빗발치고 그렇게 하여 안양에서 안동을 왕래하며 헛걸음을 하기를 3년여, 지칠 대로 지치고 의욕도 떨어졌을 뿐만 아니라 풍산지역에는 때마침 경북도청이 이전해 온다는 바람에 서울에서 내려온 떴다방 복덕방이 즐비하게 들어서고 땅값이 열 배로 오르게 되어 매화공원 부지를 구하는 것은 꿈도 꿀 수가 없게 되어 한동안 뜸했었다. 그러던 터에 주위에서 그렇게 커다란 사업을 개인의 힘으로 한다는 것은 너무 무리이므로 지방자치단체나 국가기관에서 하는 것이 좋을 것 같다는 의견들이었다. 나 혼자서 어떻게 해 보겠다는 욕심만 버리고 국내에 처음으로 쓸만한 매화공원을 조성할 수만 있다면 그렇게 하는 것도 나쁘지 않겠다는 생각이 들었다.

그리하여 내가 구상하는 매화공원조성 계획에 관한 사항을 사진 파일을 곁들여 작성하여 지역관광 자원화할 수 있도록 몇 개 지방자치단체에 발송했다.

그로 인하여 2010년 11월 17일 울진군청에서 전화가 왔다. 매화공원을 조성해 보고 싶은 생각이 있으니 방문해 달라는 것이다. 11월 24일에 방문하기로 약속하고 구불구불 불영사 고갯길을 힘들게 넘어서 울진군청에 갔다. 포항에 볼일 있어서 다녀온다는 L군수를 늦은 시간에 집무실에서 만났다. L군수가 매화공원조성을 생각한 것은 백암온천이 과거에는 수많은 온천 관광객들이 몰려 왔었는데 요즘에는 많이 줄었기 때문에 이 지역의 온천관광 활성화를 위하여 주변의 약 300,000㎡에 매화나무와 백일홍 나무를 심고 온실을 건축하여 분매를 전시하는 등 힐링을 목적으로 하는 분위기를 조성할 계획이라고 했다.

군수가 후포항 횟집에 마련한 생선회로 저녁을 함께하면서(산림과장+보호계장 배석) 매화공원조성에 대한 더 많은 이야기를 나누었고 저녁에는 울진군에서 운영하는 금강송 솔밭 속에 세워진 숲속의 목재주택 팬션에서 하룻밤을 편안히 지냈다(L군수의 배려였다).

이듬해 10월 12일 A계장과 통화하는 가운데 사업타당성조사 용역은 완료하였고 소요예산 490억 원을 경북도에 예산지원 요청할 예정이라고 했다. 그 후 2012년 2월 27일 통화에서는(A계장) 타당성조사는 끝났고 소요예산 490억도 경북도에 지원 요청하였으며 원자력자금에서 15억 원 정도를 요구해서 실시설계를 완료 후 연락하겠다고 하였으나 이후로는 감감무소식이었다.

그러는 가운데 2010년 11월 29일 안동시 생태공원 과장과 팀장 2명이 안양 분매원으로 찾아왔다. 안동에 매화공원을 조성하려고 하는데 여러 가지 지원을 요청하려고 온 것이다. 그 자리에서 매화공원조성에 대한 계획과 앞으로의 전망에 대해 설명을 해 주었다. 그 후 2011년 1월 12일에 연락이 왔다. 1월 19일 14시 30분에 안동시장님과 면담을 가지자는 것이다.

K시장님과 면담을 하는 자리에서 우리나라에서 처음으로 규모있는 매화공원 조성계획에 대하여 설명을 했고 K시장은 "매화공원이야말로 우리 안동에 꼭 맞는 사업"이라고 말하면서 그 자리에서 배석한 생태공원 과장에게 예산이 있는 범위 내에서 빠른 시일안에 용역을 주어 기본계획을 수립하도록 지시를 했다. 금년도에 기본계획이 확정되면 중앙부처에 2012년도 예산요구를 하고 예산

이 확정되면 토지구입과 설계용역의 절차를 거쳐 2013년도 봄에는 시작이 되지 않겠느냐는 이야기를 들었다. 생태공원과의 안내에 따라 공원후보지 현장도 답사를 했다. 동남향의 야산에 마사토 토질이어서 매화공원 부지로는 가장 알맞은 적지로 판단되었다.

매화공원을 조성하려고 하는 부지 안에는 남근석과 치마바위가 있어서 예부터 자식을 낳지 못한 사람들이 이곳에 와서 기원을 하면 자식을 낳았다는 전설이 전해지는 곳으로 주민들이 공원화를 요구해 왔지만 그것만으로는 많은 예산을 투입하여 공원을 조성하기가 마땅치 않아서 매화공원을 조성하면서 주민들의 민원도 해소하는 차원에서 추진하려는 것이라고 했다.

3월 13일에는 주민공청회를 했는데 주민들의 반응이 좋았다고 A팀장이 말해 주었다. 4월 중에 추경이 확정되면 기본운영계획 수립용역을 발주할 거라고도 했다.

B팀장은 관계 공무원들이 해외 유명매원을 현지답사하려고 하니 소개해 달라고 하여 일본의 '세계매화공원', '오사카 매림', '이바라키현 가이라쿠엔' 등 세 곳을 추천해 주었고, 중국은 '청도매원'과 무석에 있는 '서산매원' 등 두 곳을 추천해 주었다.

7월 말일 경에는 K시장과 통화를 하는 가운데 "산림과에 일부 직원이 바뀔 예정"이지만 계속 관심을 가지고 협조해 달라고 했다. 8월 13일 경 C팀장이 전화가 와서 기본운영계획은 발주되었으므로 수주업체에서 연락이 갈 거라고 했고, 해외 선진지 견학은 매화공원계획이 확정된 다음에 가기로 했다고 말했다.

10월 13일 B계장과 통화하는 가운데 입지여건과 타당성 등의 용역을 주어 12월 1일 경에 중간보고회가 있을 것이며 "그 후에 원장님께 연락하겠다"고 했으며, 2012년 1월 4일 K시장과 통화

중에 계획이 다소 변경되었으므로 한번 방문해 주셨으면 한다고 했다. 1월 16일 14시에 안동시에 방문하여 K시장을 만났다. "매화공원조성지역이 도산서원과 거리가 있기 때문에 여론이 좋지 않으므로 퇴계 종택 앞의 기존매화 밭을 중심으로 앞산과 인근토지(종중땅)을 이용하여 매화공원을 하고자 한다"는 시장의 설명이 있었고 나는 "그렇게 하는 것이 좋을 것 같다"고 했으며 함께 동석한 C팀장에게 "토지관계를 알아봐서 추진하도록 하라"고 지시하였다.

나중에 들은 얘기지만 사실은 안동시의회 야당의원 6명이 매화공원조성을 반대하는 기자회견을 열고 시장에게 강력하게 매화공원조성 철회를 요구하므로 시장이 슬그머니 없던 일로 했다는 것이다.

그 무렵 전라남도 신안군의 도서개발과 P과장이라는 사람에게서 전화가 걸려왔다. 서양화가 김환기金煥基(1913~1974) 화백의 생가가 있는 안좌도安佐島에 김 화백 기념관을 건립하면서 주변 일대에 매화공원을 조성할 계획이니 바쁘시더라도 여행도 할 겸 신안군을 방문해 달라는 것이었다. 2011년 3월 28일 14시 신안군청 군수실에서 P군수를 만났다. 훤칠한 키에 서글서글하면서도 의욕적인 면모가 엿보이는 사람으로 보였다. 평소에 달과 여인과 매화를 즐겨 그렸던 김 화백의 기념관 주변에 약 100,000㎡의 매원을 조성하고 분매 온실도 건축하여 분매를 전시할 것이므로 협조를 구한다는 내용이었다. 나는 그 자리에서 최선을 다해 협조할 것을 약속하였다. P군수는 신안군이 1004개의 섬으로 이루어진 자치단체이기 때문에 다른 지역과 달리 각 면을 순방하는 데는 자동차 대신 선박이 필요하므로 14억을 들여 건조한 요트(군수전용 행정선)를 내어드릴 터이니 안좌도 매화공원 조성 예정지를 구경하고 오라기에 모처럼 좋은 요트를 타고 목포에서 안좌도를 왕래하였다. 4월 중에 기본설계가 완료

되면 구체적인 매화공원 세부설계에 자문을 하여 추진키로 했다. 그 후 광주에 있는 원진엔지니어링에 실시설계가 발주되어 동 설계사무소 O과장이 몇 차례 설계자문을 요청하여 오기에 자세하게 자문을 해 주어서 설계가 완성이 되었고, 해당지역이 농지(주로 밭)이기 때문에 공원조성을 하려면 도시계획변경이 되어야 함으로 전라남도에 이를 신청하였으나 차일피일 미루다가 지방자치단체장 선거가 닥쳐왔다. 그런데 그렇게 열정적이었던 P군수는 출마를 포기하는 바람에 다른 사람이 당선이 되고 후임 군수는 이 사업에 대하여 전혀 나 몰라라 한다는 것이다. 그렇게 하여 안좌도 김환기 화백기념관 주변 매화공원조성 사업도 물거품이 되고 말았다.

그 후 2012년 12월 중국의 광저우(廣州)에 사는 막내아들이 따뜻한 홍콩에서 설 명절을 지내자고 하여 광저우에 갔다가 홍콩으로 가는 특급열차 안에서 한 통의 전화를 받았다. 산림청에 근무하는 Y박사라고 했다. 세종시에 조성 중인 국립중앙수목원에 매화품종원과 분매온실을 만들려고 하니 협조해 달라는 내용이었다. 이듬해 4월 서울에 있는 한정식집(津津)에서 P국장과 C과장, A사무관 등과 회합을 가진 후 4월 15일에 B사무관, Y박사, 선진엔지니어링 직원이 매화분매원을 방문하여 기본계획 수립에 관한 자료를 요구하므로 모두 제공해 주었다. 그런데 사업지역인 세종시 부지의 습지에 황금개구리 서식지가 있어서 환경단체의 반대로 상당기간 매립공사가 지연되다가 박근혜 정부 들어서는 복지예산 관계로 기획재정부에서 예산을 조금씩 배정해준 바람에 공사 진척이 지연되고 따라서 준공기한도 훨씬 늦어져서 2021년 이후에나 완공이 가능할 것이라는 얘기다. 그때쯤이면 내 나이가 80이 훌쩍 넘게 될 터라 난감해하고 있는 때에 평소 매화를 좋아하여 2002년도에

동아일보에서 있었던 매화 관련 좌담회를 함께 참여했던 L장관(행자부, 건설부장관, 경북도지사 역임)에게서 전화연락이 왔었다. 경북 영주시에서 매화공원을 조성하려고 하는데 한번 만나볼 생각이 없느냐는 것이다. 아니 그곳의 관계공무원들이 안양의 분매원과 음성의 매화농장을 방문하고 싶다고 하여 그렇게 하도록 했다.

영주시에서는 문화관광부로부터 지원을 받아 총사업비 1,565억원을 들여 영주시 순흥면과 단산면 일원에 부지면적 960,974㎡이며 주요시설로는 한문화R&D지구, 전통숙박지구 및 전통문화지구로, 한문화R&D지구에는 한스타일 6개 분야인 한옥, 한음악, 한식, 한복, 한글, 한지에 대한 시설이 배치되며, 전통숙박지구에는 숙박시설, 전통 음식촌 등이 민자 유치사업으로 추진되고, 전통문화지구는 마상 무예장, 국궁장, 선비정원 등을 2010년을 시작으로 2020년 완공을 목표로 조성하고 있는데 그중 일부인 54,385㎡(16,451평)에 매화공원을 조성할 계획이라고 했다.

4월 경에 영주시를 방문하여 매화공원조성에 대한 PT 설명회를 가졌다. 매원조성 계획은 국내 최초의 매 품종원, 절우단, 분매전시장, 매화문화관, 매화서옥, 수양매원, 매영지, 매화시비단 등을 조성하는 것으로 했다.

매품종원에는 우리나라에서는 처음으로 매화 168개 품종을 식재하여 관람객들로 하여금 한자리에서 다양한 매화의 품종을 감상할 수 있도록 하고, 절우단은 퇴계 이황 선생이 도산에 있을 때 단을 만들고 매화 100그루를 심어 청정한 세계를 꿈꾸었던 것처럼 고매와 소나무, 대나무를 조화롭게 배치하여 3절의 품위를 느낄 수 있도록 하며, 분매전시장에는 국내 최초로 분매 163종 361점을

▲ 한문화 테마파크 조감도

전시하여 눈 속에서 매화를 감상키 위해 2월 10일부터 전시행사를 하는 것으로 했으며, 매화문화관은 매화와 관련된 유물 300점을 상설 전시하여 매 문화의 진한 향내를 느끼도록 하고, 매화서옥은 옛 선비들이 매화 숲속에 서옥을 짓고 글공부를 하는 모습을 재현하여 면학의 분위기를 조성하고 매화서옥을 통하여 훌륭한 작가를 배출하는 것을 목표로 하였으며, 수양매원은 모든 매화나무 가지가 하늘을 향해 자라지만 유독 가지가 아래로 늘어져 자라면서 꽃이 땅을 향해 고개를 숙이며 피는 겸손의 상징을 관람객들이 감상케 하기 위해 수양매 270주를 식재하여 조성하고, 매영지는 소류지 주변에 고매를 식재하여 매화가 피고 달이 뜨는 날 매화 그림자가 물 위에 어른거리는 광경을 감상케 하여 중국의 절강성 서호에 살았던 임포林逋(967~1028)의 매화에 관한 세기적 절창이라고 하는 소영횡사疏影橫斜 수청천水淸淺, 암향부동월황혼暗香浮

動月黃昏(성긴 그림자는 얕은 물에 비끼어 어리고, 은은한 향기는 황혼 녘에 짙어 오네)을 맛보게 하며, 매화시비단은 우리나라 최초의 매화시인 최광유의 정매시를 비롯한 유명한 매화시 20수를 선정 대한민국 미술대전 특선작가나 심사위원의 다양한 필체를 자연석에 새겨 관람로에 설치하여 예술적인 작품을 감상하게 한다는 것이다.

공원조성에 필요한 사업비는 한국매화연구원이 보유하고 있는 매화나무와 분매 매화 관련된 유물 등 총 3,378백만 원 가운데 1,553백만 원(45.9%)은 한국매화연구원이 영주시에 기증하고 나머지 1,825백만 원(54.1%)은 영주시가 한국매화연구원에 대가를 지불하되 감정평가 결과에 따라 금액을 확정하기로 하고 2015년 7월 10일에 MOU를 체결하였다.

▲ 매화공원조성 양해각서 체결(왼쪽 영주시장, 오른쪽 안형재 원장)

나는 내가 보유하고 있는 모든 것을 다 내어놓더라도 내가 그동안 그토록 염원했던 매화공원이 국내 최초로 조성될 수만 있다면 어떤 일이라도 감내할 생각으로 영주시와 지속적인 대화와 협조를 이루어 가면서 차질 없이 조성 사업을 진행해 나갈 생각이었다.

이와 같은 내 뜻에 부응하여 영주시장을 비롯한 관계 공무원들도 적극적이고 열성을 다해 호응해 줌으로써 사업 진행은 순조롭게 추진되었다.

공원의 기본설계는 내가 손수 도면을 작성하여 이 공사를 시행하는 국내 굴지의 건설회사인 두산건설에 넘겨주어 컴퓨터로 작업을 하게하였다.

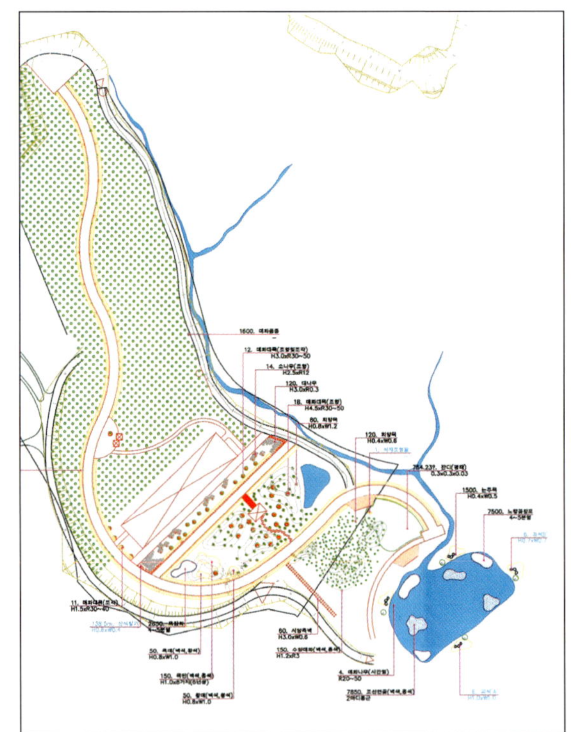


매화공원 설계확정을 시작으로 부지조성 공사와 토양의 매립공사 등은 순조롭게 진행되어 2016년 봄에는 일부 매화 품종 나무가 이식되기 시작했다. 문제는 분매를 옮기기 위한 온실(500평)을 지어야 하는데

건축설계용역을 맡은 우리나라 굴지의 설계회사인 KS건축에서 설계를 착수하지 않은 것이다. 이미 한문화테마파크 전체설계를 수주하여 납품한 다음이라 매화공원의 분매온실과 매문화관 등 소소한 추가 설계는 별로 시답지 않는 모양인지 담당이사가 차일피일 미루기를 1년여, 영주시가 강력히 항의하여 담당이사가 경질되고 나서야 겨우 설계가 착수되었으나 그것마저도 수개월의 시간이 소요되는 바람에 늦어졌다.

생각다 못해 9월 19일 시장과의 면담시간을 정하여 공사의 신속한 진행을 촉구하였고 그 자리에서 J시장은 관계 공무원들과 두산건설 현장소장 및 본사조경과장, 공사감리단장에게 내가 요구한 내용들이 차질 없이 진행되도록 하라고 지시했다. 그렇게 하여 10월 초에 분매온실 건축허가가 나고 바로 기초 콘크리트 공사가 시작되었으며, 11월 13일부터 매화나무 이식 작업이 본격적으로 진행되어 12월 8일에 완료되었다. 분매온실공사는 지붕자재가 독일에서 생산되는 폴리카보네이트로 하도록 되어 있어서 이미 자재발주를 하였음에도 독일에서 선적 후 한국에 도착하려면 최소 75일이 소요되어 2017년 1월 초순쯤이라야 가능하게 되어 그동안에 철골조 공사를 마치도록 계획되었다. 11월 19일에는 영주시청 회의실에서 나에게서 매화와 분매 기르는 법을 배워서 매화공원 전체를 관리할 7급 무기직 공무원 선발 면접시험관으로 참여하여 후계자를 뽑게 되었다. 늦어도 2017년 3월까지 분매온실이 준공되고 매화분재가 이전이 되면 나는 그곳 영주에 이주하여 세계적인 분매 작품으로 만들어 가는 작업과 완전한 매화공원이 조성될 때까지 혼신의 노력을 다하여 이 땅에 참으로 아름답고 품격 있는 국내 최초 최고의 매화공원을 후손들에게 남겨 주고 영주지역 최상의 관광자원이 되도록 할 것이다.

# 진준유陳俊愉 교수의 친필 육유陸游 시詩 액자額子

영주시의 매화공원이 예정대로 건설되어 가고 있는 가운데 분매 온실이 완공되어 인덕원 매화농장에서 기르던 분매가 모두 옮겨지게 됨에 따라, 나도 거처를 영주로 이주하게 되어 오랫동안 살던 안양의 관양동 관악산 자락의 집을 떠나오게 되었다.

영주시에서는 내가 이사를 오게 된 것을 대단히 반기는 눈치였다. 시장, 부시장, 국장이 환대해 주었다. 부시장은 "원장님 주민세는 제가 내드리겠습니다."고 했다.

J시장실에서 다과를 나누면서 "내가 매화공원에 뼈를 묻겠다고 했던 약속대로 이사를 왔으니 매화공원이 좋은 모습으로 건설되도록 지원을 해 달라"고 했고, J시장은 "이제는 발 뻗고 잘 수 있게 됐다"면서 "최고의 명품공원이 만들어지도록 힘써 달라"는 부탁이었다.

영주에서 살아가게 될 보금자리는 봉화 쪽으로 나가는 방향에 위치한 동남향의 따스한 곳이다. 이 고장에서는 제일 살기 좋은 아파트 단지로 이름난 곳이라고 한다. 나는 이곳이 내 고향은 아니지만 복잡한 도시를 떠나 한적한 지방에 내려왔기에 도연명의 시 「귀거래사」를 읊조리면서 평소 동경했던 전원생활을 마음껏 즐겨 보리라 맘먹는다.

나와 아내는 이곳 환경에 잘 적응할 수 있도록 교회와 식료품 마트, 음식점, 이발소, 동네병원 등을 꼼꼼히 찾아 익혀가고 있다. 교회는 영주에서 가장 오래된 111년의 역사를 지닌 '영주제일교회' 로 정했다. 내가 이곳에 와서 가장 좋아하는 음식은 향토음식인 '묵밥' 이다. 경북 북부의 척박한 산지에서 생산한 메밀을 갈아서 만든 메밀묵을 길쭉하게 썰어서 맛깔스런 육수에 말아먹는 맛이야 말로 먹어보지 않고는 알 수 없는 별미인 것이다. 그리고 풍기에 있는 인삼삼계탕은 소백산에서 나는 여러 가지 한약재로 국물을 우려낸 다음 인삼을 넣어서 푹 삶아주는데 어린 닭고기가 쫄깃한 맛이며 진한 국물이 온몸에 원기를 충전해 주는 것 같다.

또 위층에 사는 새댁이 남자아이만 둘이 있는데 어찌나 요란스럽게 뛰놀던지 층간소음 때문에 죄송스럽다며 인사차 '순두부' 한 대접을 가지고 내려와서는 이야기 가운데, 친정엄마가 가까운 곳에서 식당을 한다기에 안내를 받아 며칠 후에 찾아갔더니만 어찌나 맛깔스럽고 깔끔하게 하는지 단번에 단골이 되었다. 이 지역 음식이 대체로 맵고 짠 편인데, 청국장을 주문했더니 입맛에 딱 맞는 것이 너무나 맘에 들었다. 그리고 이곳에는 농협에서 운영하는 '농협파머스마켓' 이 있는데 이 층으로 된 건물 규모며 주차장이 제법 넓은데다 매장의 상품들이 다양하고 신선함에 놀랐다고 아내는 칭찬이 대단하다. 인구 62만인 안양과 11만 정도인 영주시와 비교해 보면 이곳이 훨씬 좋다는 생각이 든다. 안양의 평촌 이마트와 농협 하나로마트를 합쳐 놓은 것과 비슷한 규모라고 해야 할 정도다(식품부만은). 그 마켓이 우리가 사는 곳에서 자동차로 약 5분 거리에 있다.

아파트 뒤로는 철탄산까지 나지막한 야산의 등산로가 있어서 산책하기에 좋고 공기가 매우 맑고 깨끗하다. 최근에는 시민운동장 안에 실내수영장을 개장하였다고 하니 이용해 볼 생각이다. 아내는 시에서 운영하는 원어민 강사의 토크하우스 영어반에 등록하여 열심히 공부하고 있다.

나는 일주일에 약 3일간은 매화공원에 출근하여 내가 하고 싶은 매화나무와 분매 가꾸기에 열정을 쏟고 있다. 국내에서 유일한 매화공원을 만들어 가는 데 혼신의 노력을 기울일 작정이다.

이삿짐을 풀어 정리하는 가운데 뜻깊은 커다란 액자 하나를 발견하게 되었다. 매화에 대한 나의 존경하는 스승이시며 고인이 되신 진준유 교수가 90세 되던 해인 정해년丁亥年(2007년)에 손수 써주신 중국의 남송시대 육유陸游(1125~1210)의 「영매咏梅」시다. 옛 스승을 다시 만난 듯이 어찌나 반갑고 그리운 생각에 몇 번이고 쓰다듬고 어루만졌다. 작년에 진 교수의 탄신 100주년을 맞이하여 북경임업대학교에서 『100주년기념 문집』을 발간한다기에 원고를 보내어 편집이 끝났으며 출판을 기다리고 있는 중이다.

나는 이 소중한 액자를 〈매화박물관〉 내에 개설할 '매촌기념전시관' 에 정중하게 게시하여 많은 사람들이 감상하도록 해야 하겠다.

## 咏梅

陸游

| | |
|---|---|
| 驛外斷橋邊寂寞開無主 | 역외단교변 적막개무주 |
| 已是黃昏獨自愁更著風和雨 | 이시황혼족자수 갱착풍화우 |
| 無意苦爭春一任群芳妒 | 무의고쟁춘 일임군방투 |
| 零落成泥碾作塵只有香如故 | 영락성니연작진 지유향여고 |

## 매화를 노래함

역참 밖 끊어진 다리가에
임자 없이 피어 적막도 하다

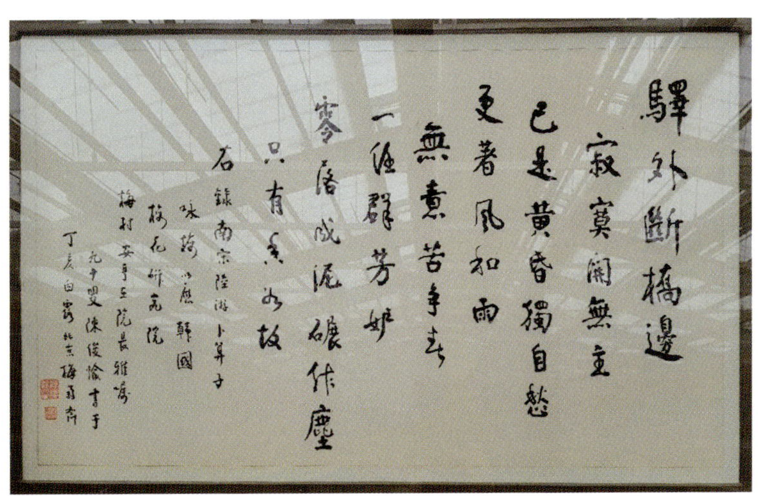

이미 날 저물어 홀로 시름 하던 차에
다시 모진 비바람이 치네
굳이 춘심을 다툴 뜻 없어
뭇꽃들 시샘도 아랑곳없네
시들어 진흙이 되고 짓밟혀 티끌이 되어도
다만 옛 향기 변함없구나

이 시의 창작 배경을 살펴보면, 도잠陶潛 도연명陶渊明(365~427)이 국화꽃을 사랑하는 이유는 '채국동리하, 유연견남산采菊东篱下, 悠然见南山(동쪽 울 밑에서 국화를 꺾어 들고 멀리 남산을 바라본다)' 군자의 덕과 열사의 절을 갖추었기 때문이며,

주돈이周敦颐(1017~1073)(일명: 주염계周濂溪)가 연꽃을 좋아한 이유는 '진흙탕에서 나왔지만 물들지 않고, 맑은 물로 씻으니 순수하고 요염하지 않다'는 고결함 때문이다. 육유가 매화를 중히 여긴 것은 '눈과 바람의 학대를 받고도 의젓하며 꽃들 중 가장 고상하다'는 그 지조 때문이다. 이는 그의 「영매咏梅」에서 찾아볼 수 있다. 역참 밖 부서진 다리 옆에 주인도 없이 적막하고 황혼이 다가오자 수심에 잠겨 있는데다 비와 바람까지, 봄을 다툴 생각도 백화들의 질투에도 응대할 뜻이 없다. 흙이 되고 먼지가 되어도 향기만은 남아 있다.

위대한 애국시인 육유는 아주 오래전, 젊은 시절부터 '말에 올라타 호로胡虏(진, 한 시대 흉노족, 후에는 중원에 적대적인 북방부족을 통칭)를 때려잡고 말에서 내려 군영에서 작전서를 쓰자'라는 애국심이 강했다. 29세 되던 해 장원 급제하였지만 벼슬길에 부딪힌 것은 일부 매국적인 투항파뿐만 아니라 그보다 더한 구차하게 안일

함을 탐하는 무능한 왕도 직면해야 했다. 오랜 기간 이어진 가난과 쇠약에 직면하여 시인은 남송南宋이 '진나라에 땅을 떼어주는 것은 마치 땔감을 안고 불 끄러 가는 것과 마찬가지다, 땔감이 다 타기 전까지 불 또한 꺼지지 않는다' 는 패망의 길을 걷는 것을 그저 눈뜨고 바라볼 수밖에 없었다. 재삼재사의 타격, 배척, 좌천은 시인으로 하여금 "호로를 멸하기도 전에 백발이 되니 구슬픈 눈물만 난다, 이 삶에 마음은 천산天山에 있거늘 몸은 늙어 창주沧州에 있을 줄을 누가 알았겠는가"라며 긴 탄식을 하게 만들었다. 그럼에도 불구하고 시인의 우국우민憂國憂民 정신과 속세에 물들지 않은 절개는 추호의 변함이 없었다. 끼니 걱정을 해야 할 상황이 와도, 돈이 없어 먹을 약도 중단할 지경이 되어도, 기름을 아끼려고 책도 안 읽고, 심지어 자기가 애용하는 술잔도 눈물을 머금고 팔아야 하는 지경에 이르러도 세도가들의 문턱을 밟지 않았다. 여전히 나라를 걱정하고 백성을 생각했다. 우리는 여기서 마치 '진리를 추구하는 면에서 가야 할 길이 멀고도 멀지만 나는 백절불구하고 있는 힘을 다해 추구하고 탐색할 것이다' 라는 굴원의 집착과 꿋꿋함을 듣는 것 같다. 또한 두보杜甫의 "일 년 내내 백성을 걱정하고 탄식하고 그들의 고난을 생각하면 불에 타는 듯한 초조함이 밀려온다"라는 우울하고 무거운 심정도 보는 것 같았다. 그야말로 '조정의 관원으로 있든 관원이 아니든 백성을 위하는 마음이 있어야 한다' 라는 이러한 사회배경과 사상기반이 마련되어 우리가 「영매」를 음미하는 데 있어서 시인의 죽어도 변하지 않는 추구를 더욱 선명하게 이해할 수 있다.

전반적인 시를 볼 때 시인은 사물로 사람을 비유하였고 사물을 빌어 의지와 포부를 나타냈으며 시달림을 받을 대로 받은 향기가 여전한 매화를 빌어 재치 있게 표현하였다. 자신의 순탄치 못한 일생과 세속에 물들지 않은 충정을 비유하였다. 이는 그가 쓴 「영매」 시에서 표현한 것과 마찬가지이다. “시기가 되면 자연히 시들고 더 오래 피게 해달라고 태양에 구걸하지도 않는다.” 육유는 자신의 충만된 애국열정으로 한 편 또 한 편의 애국주의 시를 창작하였으며 이로써 한 세대 또 한 세대를 격려하였고 또 지금도 격려하고 있다. 그야말로 ‘머리는 희었으나 충성스런 초심은 죽어도 변함이 없다’ 고 말할 수 있겠다.

위에서 읽은 육유의 시는 우리나라에서도 일제에 빼앗긴 나라의 장래를 생각하면서 쓴 이육사(1904~1944)의 시 「광야」에서 (…지금 눈 내리고 매화향기梅花香氣 홀로 아득하니, 내 여기 가난한 노래의 씨를 뿌려라…) 즉 일제에 대항하는 고독감과 긴장된 의지의 경지가 매화향기라는 사물을 통해 암시된다. 여기에는 매화를 추위 속에 피어나는 매서운 기개의 상징으로 여긴 전통적 연상이 관계되어 있다. 그러면서 ‘노래의 씨’ 를 뿌린다. 일체의 생명이 용납되지 않는 냉혹한 시련의 상황에서 생명의 씨앗을 뿌린다는 다소 무모하기 짝이 없어 보이기도 하지만, 그만큼 해방에 대한 확고한 신념이 바탕으로 되어 있다고 보이며 비장감이 느껴지게 하는 시다.

또한 고려의 문신 이색李穡(1328~1396)이 기울어져 가는 국운을 한탄하면서 노래했던

“백설이 자자진 골에 구루미 머흐레라
반가온 매화는 어늬 곳에 피엿난고
석양에 홀로 셔 이셔 갈 곳 몰라 하노라”

와 같은 시를 찾아볼 수 있다. 이 시는 흰 눈이 녹아 없어진 골짜기에 구름이 험악하구나. (절개를 나타내는) 반가운 매화는 어느 곳에 피어 있는가? 석양에 홀로 서서 갈 곳을 모르고 있도다라는 내용으로서, 작자가 고려의 충신으로 쇠퇴해가는 국운을 바로잡으려는 뜻을 이루지 못했지만, 조선왕조가 들어서서 그에게 벼슬을 내렸음에도 끝까지 사양하며 지조를 굽히지 않은 선비였으며, 고려 말 당시에 자꾸만 기울어져가던 고려왕조에 대한 안타까운 심정을 읊은 작품이다.

고려왕조의 국운이 점점 쇠퇴해지고 어두워져만 가는 것을 헤아리고, 그 안타까움을 자연물에 빗대어 형상화한 것이다. 초장의 '백설' 은 고려왕조의 번성했던 시절 내지는 고려왕조의 충신을, '구름' 은 고려왕조가 몰락해 가는 암울한 기운 내지는 새로운 왕조를 이룩하기 위한 신흥 세력들을 나타내고 있다. 중장의 '반가온 매화' 는 고려왕조의 국운을 다시금 회복시킬 수 있는 우국지사나 역사적 분위기를 나타낸다. 종장의 '석양' 은 스러져가는 고려의 운명을 우의적으로 표현한 것이며, 갈 곳을 몰라 하는 시적 자아의 모습에서 안타까워하는 심정과 갈등하는 모습을 읽을 수가 있다. 나는 존경하는 진 교수의 친필 액자를 우선 분매온실에 걸어놓고 매일같이 스승을 대하듯 그 시를 읽고 또 읽을 작정이다.

# 늦게 피는 매화

영주매화공원에는 춘분이 지나고 한식이 다가오는데, 이제야 밖에 심겨진 매화꽃 봉오리가 터지기 시작한다. 남쪽 매화마을에서는 매화축제가 이번 주에 끝났다. 사람들은 매화가 왜 늦게 피느냐고 야단들이다.

조선시대 문신인 한강寒岡 정구鄭逑(1543~1620)는 1573년(선조 6) 김우옹金宇顒이 추천해 예빈시참봉禮賓寺參奉에 임명되었으나 나가지 않는 등 여러 번 관직에 임명되어도 사양하다가 1580년 서른여덟 살의 나이에 창녕현감昌寧縣監으로 관직생활을 시작하여 내직인 사헌부 지평으로 발령이 나자 그만 벼슬을 버리고 귀향하여 성주 회연檜淵에 초당을 짓고 매화 백 그루를 심은 다음에 그곳에 백매헌百梅軒이라는 현판을 걸어 놓았다. 그는 이 회연초당과 백매헌을 두고 누속陋俗을 등진 채 초야에 묻혀 사는 한유閑裕한 자신의 삶이 사치스럽다고 했으며, 회연서원檜淵書院을 세우고 후학을 양성하기에 힘썼다. 그런데 하루는 남명南冥 조식曺植(1501~1572)의 문하에서 함께 공부했던 친구 수우당守愚堂 최영경崔永慶(1529~1590) 이 찾아와서 하인에게 도끼를 가져오도록 하여 매화나무 백 그루를 모두 찍어 버리려 했다. 이유인즉 백매헌에 심겨진 매화가 추위가 다 지난 후에 피는 춘매春梅 때문이라고 했다. 아마도 한강의 백매헌에 심겨진 매화는 한매寒梅가 아니었던가 보다.

조선 중기의 문신인 정경세鄭經世(1563~1633)의 『관매창수觀梅唱酬』 서문에 보면 다음과 같은 글이 있다.

"내가 옛날에 희암장希庵丈을 위하여 '국포기菊圃記'를 지으면서 국화를 치켜세우고 매화를 낮추었는데, 대개 국화는 능히 서리를 이겨내는 데 비해 매화는 추위를 이겨내지 못하여 도리桃李와 더불어 서로 뒤섞여서 핀다고 하였다. 한강寒岡 정구鄭逑가 매화를 많이 심어 집 주위에 빙 두르고는 백매원百梅園이라고 이름 붙였는데, 수우공守愚公이 일찍이 이곳을 찾아왔다가 도끼를 들고 다 쳐내려고 하였으니, 또한 그 매화가 늦게 피는 것을 병통으로 여겨서 그런 것이다.

영남의 바닷가 지역에서는 섣달에도 항상 매화를 볼 수가 있는 데 비해, 조금만 북쪽으로 오면 이미 볼 수가 없다. 더구나 우리 상주는 큰 고개와 가까워서 날씨가 추운 지역이니 꽃이 늦게 피는 것은 참으로 마땅한 것이다. 이에 매화를 사랑하는 자들은 대부분 복숭아나무를 화분에 심은 다음 버팀목을 세워 의지하게 하고, 가을에서 겨울로 넘어갈 때쯤 접을 붙여서 밀실에

다가 넣어 두어 꽃이 피게 한다. 그러면 섣달이 되어 천지가 폐색되어 일원一元의 만물을 살리고자 하는 뜻이 거의 끊어질 듯 할 때에 경거瓊琚나 옥패玉佩와 같은 하얗고 선명한 꽃의 아름다운 향기가 자욱이 퍼져 온 방 안에 봄빛이 찬란하게 된다. 이는 비록 사람의 힘이 끼어들어서 그렇게 되도록 한 것이기는 하지만, 매화의 물성物性이 곧고 고상함은 속일 수가 없는 것이다.

비록 그렇기는 하지만 내가 지난날에 매화에 대해 평한 것은 현자賢者에게 완전하기를 요구하는 뜻이었다. 정신精神이 있고, 표격標格이 있으며, 이른바 참다운 향기와 순백의 꽃이라고 하는 것도 있다. 그러니 비록 복사꽃과 오얏꽃이 활짝 핀 속에 섞여 있다 하더라도, 왕공王公과 시예厮隷는 신분이 현격히 달라 서로 간에 짝이 되지 못하는 법이니, 자연 백화百花의 우두머리가 되는 것이 마땅한 바 어찌 족히 병통으로 여기겠는가. 그러니 북돋아 주고 보호해 주어 그 고상함을 이루게 해 주는 것이 옳다. 그런데 말끔히 쳐 없애 버리고자 하였으니, 장난한 것이 아니면 격하게 한 것으로 지나친 것이 아니겠는가?

나의 벗인 이숙재李叔載가 바위틈에서 매화 한 그루를 얻었는데, 뿌리는 꼬부라지고 줄기는 옹그라졌는데도 꽃떨기는 아주 무성하였다. 이를 화분에 옮겨 심어서 궤안几案 사이에 두었으니, 서로 만난 것은 운수가 있는 것이었으며, 또 내가 버팀목을 세워 접을 붙인 것에 비할 바가 아니었다. 병진년(1616, 광해군 8) 겨울에 내가 여러 벗들과 함께 감상하면서 각자 시 한 수씩을 읊어 그 일을 기록하였으며, 소식을 듣고 화답한 사람들도 많았다. 이에 숙재가 그 시들을 나열하여 베껴 써서 책자로 만들고는 책 이름을 『관매창수觀梅唱酬』라고 하였다. 내가 국포菊圃에 대한 기문記文을 지을 때 지금은 이미 죽은 벗인 김여우金汝遇가 지나치게 매화를 낮추었다고 하면서 나로 하여금 조롱한 것에 대해 해명하는 글을 지으라고 하기에 내가 그렇게 하겠다고 하고서는 미처 짓지 못하였다. 지금 제공諸公들이 창수한 시 가운데 유독 김여우의 시 한 구절만 없으므로 드디어 서글픈 마음으로 이를 써서 권의 첫머리에 붙여 김여우의 뜻에 답한다.

만력萬曆 무오년(1618, 광해군10) 원월元月 하한下澣에 우복산인愚伏山人은 쓴다."

觀梅唱酬序

余昔爲希庵丈作菊圃記。贏菊而輸梅。蓋謂菊能傲霜而梅不能衝寒。與桃李相雜也。寒岡大植梅。環繞其居。號曰百梅園。守愚公嘗過焉。索斧欲盡伐之。亦病其晚開也。嶺南瀕海之地。臘月常見梅。稍北則已不能。況吾尙近嶺地寒。其晚也固宜。人之愛梅者。率以桃株植之盆。結架爲倚。接秋冬交。處之密室以發之。窮冬之月。天地閉塞。一元生物之意幾於熄絶。而瓊琚玉佩的皪芬芳。一室之內。春光爛然。此雖人力有所與。而物性之貞高不可誣也。雖然。余之前日之評。直責備賢者之意耳。有精神焉。有標格焉。有所謂眞香純白者焉。縱使雜然於桃李之場。王公廝隷迥然不相侔。自當爲百花之魁矣。烏足病哉。培植之保護之。以遂其高可矣。乃欲斬伐而芟夷之。則非戲卽激。無乃過乎。友人李叔載得一槎於巖竇。根拳樹矮而綴英甚繁。以盆盛之。置諸几案間。其遭遇有數。又非區區倚接者之比也。丙辰冬。余與諸友賞焉。各賦一詩以記之。聞而和者亦多。叔載乃列寫成一冊。命之曰觀梅唱酬。余之記菊圃也。亡友金汝遇盛爲梅稱屈。令余作解嘲語。諾之而未能也。今諸公唱酬中獨無汝遇一句。遂愴然書此。弁之春首。以答汝遇意云。萬曆戊午元月下澣。愚伏山人。書。

이 글에서 보는 바와 같이 매화가 도리와 함께 피더라도 매화는 매화만의 품격이 있기 때문에 그러한 매화의 성정을 잘 살펴서 감상하는 것이 좋지 않을까 생각한다. 실제로 영주매원은 소백산 아래에 위치하여 겨울철이면 세찬 골바람이 줄기차게 불어 닥쳐서 매화나무들이 묵묵히 견뎌내는 것을 보면 참으로 안쓰럽기만 하다. 그리고 매화는 기온에 매우 민감한 식물이라서 일반적인 화목류와 달리 온도를 느끼는 정도가 다르다는 것을 알아야 한다. 예컨대 조선 초기의 문신文臣인 점필재佔畢齋 김종직金宗直(1431~1492)의 시에 보면

설리수과유령매雪裏誰誇庾嶺梅 누가 자랑하였나 눈 속에 핀 유령의 매화가
남지개료북지개南枝開了北枝開 남쪽 가지 다 피고 북쪽 가지 피는 것을
응천이월간춘신凝川二月看春信 응천의 이월 달에 봄소식을 보았으니

막문화괴재부재莫問花魁材不材 매화가 좋고 안 좋고는 묻지를 마소

일원소식방한매一元消息訪寒梅 일원의 봄소식은 찬 매화를 찾아왔건만
각한동풍미방개却恨東風未放開 동풍이 꽃 피우지 못한 게 도리어 한스럽네
옹비홀연봉찬자擁鼻忽然逢粲者 갑자기 코를 엄습한 매화 향기를 만나니
종교도리부시재從敎桃李不時材 도리는 쓸데없는 물건이 되거나 말거나

중국의 광동성 광주에 가면 매령梅嶺이라는 고개가 있는데 이와 같이 대유령에 있는 매화도 남쪽 가지가 꽃이 지고 나면 북쪽까지가 꽃이 필 정도로 기온에 민감한 것을 잘 나타내 주고 있다. 마지막 절 "도리는 쓸데없는 물건이 되거나 말거나(從敎桃李不時材)"는 실제로 매화가 복숭아나 오얏과 같은 시기에 핀다고 하더라도 매화는 매화만의 고유한 특성과 매력을 지닌 꽃으로서 도리와는 상관할 바가 아니라는 것이다. 옛날 퇴계 이황이 도산에서 추위에 얼어 죽은 매화를 놓고 한탄했던 일을 생각하면 매화가 추운 겨울을 잘 버텨준 것만으로도 대견스러울 뿐이다.

그리고 이곳에는 분매원이 있어서 우리나라에서 내로라할 만큼 좋은 분매 163종 361점이 이미 눈이 쌓이는 1월에 피기 시작해서 2월 말에 졌을 만큼 진가를 발휘한 것 아닌가! 그러므로 뜰매화가 조금 늦게 핀다고 하여 너무 호들갑을 떨 일이 아니다.

문학세계대표작가선 850

# 매화만필

안형재 지음

인쇄 1판 1쇄　2018년 6월 18일
발행 1판 1쇄　2018년 6월 25일

지 은 이 : 안형재
펴 낸 이 : 김천우
펴 낸 곳 : 도서출판 천우
등　　록 : 1992. 2. 15. 제1-1307호
주　　소 : 서울시 성동구 무학봉28길 6 금용빌딩 2F
전　　화 : 02)2298-7661
팩　　스 : 02)2298-7665
http://moonhak.wla.or.kr
E-mail : chunwo@hanmail.net



값 18,000원



ISBN 978-89-7954-717-7

이 도서의 국립중앙도서관 출판예정도서목록(CIP)은 서지정보유통지원시스템 홈페이지(http://seoji.nl.go.kr)와 국가자료공동목록시스템(http://www.nl.go.kr/kolisnet)에서 이용하실 수 있습니다. (CIP제어번호: CIP2018019443)